顾 锋 邹 娟 主编

"五心"天使 匠艺传承
劳动教育与实践

WUXIN TIANSHI
JIANGYI CHUANCHENG
LAODONG JIAOYU YU SHIJIAN

苏州大学出版社
Soochow University Press

图书在版编目(CIP)数据

"五心"天使 匠艺传承:劳动教育与实践/顾锋,邹娟主编. —苏州:苏州大学出版社,2021.8
ISBN 978-7-5672-3671-4

Ⅰ.①五… Ⅱ.①顾… ②邹… Ⅲ.①劳动教育-职业教育-教材 Ⅳ.①G40-015

中国版本图书馆CIP数据核字(2021)第156152号

书　　名：	"五心"天使　匠艺传承——劳动教育与实践
主　　编：	顾　锋　邹　娟
责任编辑：	周建兰
封面设计：	吴　钰
出版发行：	苏州大学出版社(Soochow University Press)
社　　址：	苏州市十梓街1号　邮编:215006
印　　装：	宜兴市盛世文化印刷有限公司
网　　址：	www.sudapress.com
邮　　箱：	sdcbs@suda.edu.cn
邮购热线：	0512-67480030
销售热线：	0512-67481020
开　　本：	787 mm×1 092 mm　1/16　印张:7.25　字数:134千
版　　次：	2021年8月第1版
印　　次：	2021年8月第1次印刷
书　　号：	ISBN 978-7-5672-3671-4
定　　价：	22.00元

凡购本社图书发现印装错误,请与本社联系调换。服务热线:0512-67481020

《"五心"天使 匠艺传承——劳动教育与实践》
编写组

主　　编　顾　锋　邹　娟
副 主 编　曹露露　徐美娟　朱　赛
编写人员　张　伟　钱美娟　徐　容
　　　　　沈爱明　王　喆　陈君琳
　　　　　丁亚青　丁林林　邵平平
　　　　　范蓉蓉

前言

2018年9月10日，习近平总书记在全国教育大会上强调培养德、智、体、美、劳全面发展的社会主义建设者和接班人，要在学生中弘扬劳动精神，教育引导学生崇尚劳动、尊重劳动，懂得劳动最光荣、劳动最崇高、劳动最伟大、劳动最美丽的道理，长大后能够辛勤劳动、诚实劳动、创造性劳动。2020年3月20日和7月15日，《中共中央 国务院关于全面加强新时代大中小学劳动教育的意见》和教育部印发的《大中小学劳动教育指导纲要（试行）》分别为职业院校科学构建劳动教育体系、切实加强劳动教育指明了方向。

本书是应劳动教育新部署、新要求专门开发的劳动教育理论和实践活动设计教材，从劳动教育概述、劳动伦理与劳动关系、劳动法律与劳动保障、劳动教育时代精神等多个维度，全面提升职业院校学生的劳动素养。同时，本书紧贴卫生职业教育发展实际，紧紧围绕江苏省南通卫生高等职业技术学校"五心天使"德育品牌，从劳动教育体系、劳动教育方案及劳动教育实践三个方面，详细介绍了该校劳动教育教学课程体系。本书集科学性、专业性、针对性、原创性于一体，理论知识简明扼要，实践活动贴近实际，符合职业院校劳动教育的学习要求和学生特点，非常适合各类职业院校作为劳动教育课程的教材使用，实现开展劳动教育的目的——将学生培养成为德、智、体、美、劳全面发展的社会主义新时代接班人。

本书编写组

2021年7月25日

目录

第一章 劳动教育概述 /1

第一节 劳动的内涵 /1

第二节 劳动教育的内涵 /4

第三节 中华人民共和国成立以来劳动教育的生成源流 /7

第四节 树立正确的劳动观念 /14

第五节 习近平新时代劳动教育的新发展 /19

第二章 劳动伦理与劳动关系 /22

第一节 劳动伦理 /22

第二节 劳动关系 /31

第三节 构建和谐劳动关系 /35

第三章 劳动合同与劳动争议处理 /46

第一节 劳动合同 /46

第二节 劳动争议处理 /55

第四章 劳动教育时代精神 /62

第一节 劳模精神 /63

第二节 劳动精神 /66

第三节 工匠精神 /70

第五章　"五心天使"劳动教育实践　　　/ 74

第一节　劳动教育体系　　　/ 74

第二节　劳动教育方案　　　/ 77

第三节　劳动教育实践　　　/ 82

第一章

劳动教育概述

导 语

人类社会的历史是一部劳动形态不断演变的历史。劳动创造价值，也创造美好人生。通过本章的学习，我们可以明晰劳动和劳动教育的内涵，了解中华人民共和国成立以来劳动教育的历史轨迹和主要成绩，深入理解习近平新时代中国特色社会主义思想对劳动教育的新发展，树立正确的劳动价值观念。

第一节 劳动的内涵

一、劳动的含义与特征

（一）劳动的含义

所谓劳动，是指人们通过一定的生产工具作用于劳动对象，创造一切社会财富的有目的的社会性活动。这里的劳动对象是指人们在劳动过程中对一切被加工的东西的总称。它可以是自然界原来有的，如树木；也可以是加工过的原材料，如棉花。劳动的形式大体可分为两种：一种是体力劳动，一种是脑力劳动。任何劳动都是脑力劳动和体力劳动的结合。它们共同创造一切社会财富。劳动在人类社会发展过程中起着决定性的作用并推动着社会的发展。

（二）劳动的特征

劳动是人类最基本的社会实践活动。人类劳动具有如下本质特征：

第一，劳动是一种客观的物质性活动。在劳动中起主导作用的人是物质世界的一部分，是现实的物质的人。人类进行劳动所依赖的条件是客观物质条件。人类劳动的目的性是在对物质世界的客观性的认识中产生的，必然受到客观规律的制约。所以，劳动过程就是一个客观的物质性过程。

第二，劳动是一种有目的的活动。人类为了满足自己的需要而进行的劳动，同动物求生的本能活动的本质区别在于人类进行劳动是具有目的性和预见性的。人类在开始进行生产劳动之前，就能预见到劳动的结果。劳动过程就是人类按照预定的目的有计划地进行的活动。

第三，劳动具有能动性。劳动的能动性首先表现为劳动的创造性。人类不仅用自身的力量改造自然，还能自觉地利用自然的物质力量改造自然。劳动所具有的能动性还表现为人类在劳动过程中表现出来的自我约束性。劳动过程就是人类按照预定的目标，运用一定的方法来消耗自己脑力和体力的过程。在现代社会，人类的劳动已经发展成社会大生产下的劳动。这就需要人们遵循一定的规章制度和秩序，来保证劳动过程有序地进行。

第四，劳动是社会性的活动。人类劳动的社会性最初是人类在改造自然的过程中产生的。人类要能动地改造自然，就必须将单个的人联系起来，形成一种集体力量。也就是说，如果人类要改造自然，人与人之间就必须先形成一定的关系。马克思指出，人的本质并不是单个人所固有的抽象物，在其现实性上，它是一切社会关系的总和。真正把人和动物区别开来的，并不是人的特殊的生理结构，而是人类所特有的社会性。只有人所具有的社会性才构成人的特殊本质。人类通过劳动不断创造出新的社会本质。人类的社会关系既是人类区别于其他一切动物的本质特征，同时也表现着人类自身不同发展阶段的特殊本质。

二、历史上有关劳动的思想

人类对劳动的认识经历了一个漫长的历史发展过程。古希腊的《荷马史诗》和中国春秋时期编成的《诗经》等古代文献中，已有不少赞颂劳动的诗句，但尚未把劳动当作专门的考察对象，没有对劳动概念做出明确的规定。

在中国先秦文献中，农家认为：人人都应当从事生产劳动，过自给自足的生活；不应当有人劳动而有人不劳动，不劳动者不能靠劳动者供养；也不应当有社会分工，一部分人从事一种职业，而另一部分人从事另一种职业。农家的思想体现了一种平均主义劳动观,是当时社会现实不平等状况的反映。

孟子针对农家的观点进行了反驳,具体包括以下几点:第一,劳动分工是必要的,是经济发展的前提条件;否则,整个社会会陷入停滞、衰败。第二,"劳心"与"劳力"的分工是社会发展的重要标志,不仅是维持社会正常秩序之必需,而且是提高社会文明程度之必需。另外,孟子提出了一种价值理论,批判了绝对平均主义。孟子站在当时封建上层阶级的角度阐发他对劳动的理解。孟子的劳动分工思想还是具有进步意义的。

 延伸阅读

薛谭学艺

战国时期,秦国有一位著名的歌唱家,名叫秦青。他的唱歌水平很高,培养青年人又很热心。在他教的一批徒弟中,有个叫薛谭的,音乐素质很好,学习进步也很快。秦青常常表扬他,让他表演,叫大家向他学习,大伙也很佩服他的才能。这样一来,薛谭就有点骄傲自满了,以为把老师的本领都学会了。于是,他就编了个理由,要求停学回家。秦青一听,开始有些惊愕,犹豫了一会儿,想了一个挽留他的办法,就答应了他的要求。

薛谭回家那天,秦青送他出城,在郊外大路上举行了一个野餐会。席间,秦青坐在草地上,弹着琴,唱了一曲悲哀的歌,表达对薛谭辞学回家的惋惜。那歌声,发自肺腑,在场的徒弟们泪落不止;那歌声,传遍四野,震动得周围的树木似乎也在沙沙作响;那歌声,冲向了天空,云朵似乎也停止了飘动。

薛谭听着老师的歌声,看着面前的情景,不由得想起了老师曾经讲过的韩娥的故事。韩娥唱歌的余声,能在屋梁上回荡三天三夜,能使人感动得三天吃不下饭,能使人忘掉三天前的悲哀。薛谭原来不相信天下会有这么高超的歌唱艺术,如今听了老师唱的这首歌,才心悦诚服,并且明白了自己还没有学会老师的本领,没有达到高深的水平。于是,他噙着热泪,倒了一杯酒,恭恭敬敬地递给秦青,说:"老师,您唱得太好了,值得我学习的地方太多了。我不能走,我要跟您学一辈子!"

从此,薛谭安下心来,时时处处尊敬老师,勤学苦练,再也不提回家的事了。后来,他终于成为一名歌唱能手。

名人名言

知识是从实践中来的。劳动才能创造世界。劳心者只是学习前人的实践经验，把实际理论化。光劳心不劳力，把心吊在半空中，光用脑不用手，瞧不起用手的人，在我们的社会是行不通的；光劳力不劳心也会变成狭窄的经验主义者。所以劳心必须和劳力并进，手和脑应该并用。

——徐特立

第二节 劳动教育的内涵

一、劳动教育的定义

劳动教育是以提升学生劳动素养的方式促进学生全面发展的教育活动。由于劳动价值观是劳动素养的核心内涵，劳动教育也可以定义为以促进学生形成正确的劳动价值观（确立正确的劳动观点和积极的劳动态度，热爱劳动和劳动人民等）和养成良好的劳动素养（形成劳动习惯，有一定的劳动知识与技能，有能力开展创造性劳动等）为目的的教育活动。

在劳动价值观方面，劳动教育要努力帮助学习者做到：其一，确立正确的劳动观点、积极的劳动态度（具有"劳动精神"），拒绝"好逸恶劳""不劳而获"等错误的价值观；其二，形成尊重和热爱劳动过程、劳动成果及劳动主体（劳动人民，"劳动精神"的体现）的价值态度。

在养成良好的劳动素养（狭义）方面，劳动教育要特别强调：其一，促进学生具备一定的劳动知识与技能，使其成为全面发展的人；其二，发展学习者创造性劳动的潜质，使其成为新时代所需要的创造性劳动者；其三，让学生养成良好的劳动习惯，使其成为"流自己的汗、吃自己的饭"的有尊严、有教养的现代公民。

二、劳动教育的基本特征

劳动教育作为提升学生劳动素养、促进学生全面发展的教育活动，有如下基本特征。

第一，劳动教育具有普通教育的特征。劳动教育旨在落实全面发展的教育方针，具有普通教育的属性。从马克思主义经典作家开始，教育与生产劳动相结合等劳动教育命题的着眼点就在于培育在体力、脑力上均获得全面发展的人。劳动教育具有立德、益智、健体、育美等较为全面的教育功能。虽然职业教育往往包含较多的劳动教育成分，但是劳动教育覆盖了不同教育类型的教育形态。在不同学段都要开展劳动教育。而由于这一普通教育的属性，劳动教育在基础教育阶段具有更为重要的意义。

第二，劳动教育具有价值教育的属性。劳动教育区别于当代社会以发展基础技术能力为核心目标的通用技术教育等概念。劳动教育所要培育的劳动素养，当然包括形成劳动习惯、有一定劳动知识与技能、有能力开展创造性劳动等，但劳动价值观才是劳动素养的核心。虽然劳动教育的开展离不开具体的劳动形式及专门劳动技术的学习，但真正健康的劳动教育应当特别注重核心目标的达成，即努力帮助学生确立正确的劳动观点、积极的劳动态度，努力帮助他们形成尊重和热爱劳动过程、劳动成果、劳动主体（劳动人民）的价值态度。

第三，劳动教育具有强烈的时代特征与社会属性。由于人类社会的形态处在不断演进的过程之中，劳动形态也在不断变化，具体表现为脑力劳动的比重不断增加、新形态的劳动不断形成。劳动教育包括参加体力劳动，但又不能被狭隘理解为简单的体力劳动锻炼。劳动教育应依据劳动形态的演进而与时俱进，创造条件让学生参加生产劳动和服务性劳动、创造性劳动等。这是当代劳动教育的新方向。此外，劳动价值观形成的基础是社会大众对劳动价值的真实确认。若社会没有尊重劳动的分配机制与舆论氛围，学校的劳动教育必然孤掌难鸣，难有实质成效。因此，学校必须与家长和社会携手合作，才能取得劳动教育的实效。

 延伸阅读

陶弘景更正了千年讹误

陶弘景（456—536），字通明，号华阳隐居，丹阳秣陵（今江苏南京）人。我国南朝齐梁时期的医学家和道教思想家。齐时官至左卫殿中将军，后隐居茅山。《南史》记载："（陶弘景）尤明阴阳五行、风角星算、山川地理、方圆产物、医术本草。"他整理汉朝《神农本草经》，写成新的药书《本草经集注》。

陶弘景读书求甚解，不人云亦云。在他小时候母亲给他讲过"螟蛉养子"的故事。一种叫"蜾蠃"的细腰蜂，因为它们只有雄的，没有雌的，于是它们飞到菜地里，偷偷地把一种叫"螟蛉"的虫子衔回家。待螟蛉生出幼子时，螺蠃便念念有词地说："像我！像我！"不久，螟蛉的儿子果然变得和螺蠃一模一样。

多年以后，陶弘景成了一个很有学问的人。一次，他和朋友一起读诗，当读到《诗经·小雅·小宛》中"螟蛉有子，螺蠃负之"时，他又想起了母亲讲过的故事。恰巧这个朋友也提起这事，问陶弘景说："听人说您是一部'活书'，什么都懂，那螺蠃养螟蛉子，究竟是怎么回事呀？"陶弘景有心再重复下母亲的故事，但又怕闹出笑话，只好说："等我查查书再说吧！"

陶弘景查阅了不少书，不论是古是今，全都是一个说法。这可难住了陶弘景，他转而一想："这些书尽是你抄我，我抄你，查书是查不出结果的，我何不亲自去看个究竟呢？"

陶弘景很容易就找到了一窝螺蠃。他用树枝把窝挑开，只见窝里躺着一些螺蠃衔来的螟蛉，还有一条条的小肉虫。正好这时有几只螺蠃飞回来了。陶弘景仔细观察，发现螺蠃竟然也有雌雄，还成双飞进飞出。第二天，陶弘景又去看那一窝螺蠃，正巧有一条小肉虫在咬一条螟蛉。那条螟蛉已被它吃掉一半。过了几天，陶弘景再去看时，窝里的螟蛉已全被吃光，肉虫都变成了蛹。再过两天，蛹又化成小螺蠃扑扑翅膀飞跑了。

"原来如此！"那贪吃螟蛉的肉虫就是小螺蠃，而可怜的螟蛉被当作了"婴儿"的食物。陶弘景首次更正了这个历史上的误传，使近千年来的讹误得到澄清。

名人名言

劳动以外的教育和没有劳动的教育是不存在的，也不可能存在。因为，如果没有劳动，就决不能够通过劳动的全部复杂性和多样性使人受到教育。

——苏霍姆林斯基

第三节 中华人民共和国成立以来劳动教育的生成源流

2018年9月,习近平总书记在全国教育大会上特别提及"劳动教育"。2019年1月,教育部部长陈宝生也明确指出:要狠抓劳动教育,将"劳"纳入教育方针。在2019年启动的义务教育课程方案与课程标准修订中,劳动教育也是专家们关注的核心话题之一。大力加强劳动教育是中华人民共和国成立以来不同时期教育工作的重要主题之一。

一、中国共产党历任领导人劳动论述的赓续

习近平新时代劳动观不仅受马克思主义经典作家劳动学说的涵养与关照,也是对中国共产党历任领导劳动论述的价值传承与发展创新。他坚持毛泽东劳动论述的价值底色、延续邓小平劳动论述的价值取向、拓深江泽民劳动论述的价值内涵、丰富胡锦涛劳动论述的价值要义,将他们劳动论述中的精华熔铸到自身对于劳动理论与劳动实践的认知中,成了习近平新时代劳动观生成的重要源泉。

(一)坚持毛泽东劳动论述的价值底色

毛泽东出身于农民家庭。特殊的成长经历使他很早就了解穷苦人民的生活窘迫,他带领广大劳动人民群众艰苦奋斗、披荆斩棘、风雨兼程,历经艰苦卓绝、腥风血雨的革命斗争,让积贫积弱、被动挨打的旧中国实现了民族独立和人民解放,创建了中华人民共和国。这一切,既离不开他自身的劳动投入,也离不开他对广大劳动人民的爱护与引导。毛泽东的系列劳动论述就是在这个过程中提出、践行和检验的,为广大劳动人民所认可、接纳和传承,奠定了习近平新时代劳动观的基础。

(二)延续邓小平劳动论述的价值取向

邓小平始终坚信发展才是硬道理,必须要通过劳动致力实现国家富强、人民富裕。在建设社会主义市场经济和改革开放的浪潮中,邓小平立足时代发展需要和国情发展实际,不仅充分认识到了劳动的重要性,而且感受到了劳动者权益捍卫及保障等问题的紧迫性和复杂性,奠定了习近平新时代劳动观的价值取向。

"五心"天使 匠艺传承
——劳动教育与实践

（三）拓深江泽民劳动论述的价值内涵

江泽民在总结、探索和实践过程中，结合社会发展需求和人民群众诉求，提出了一系列重要的、科学的劳动论述，对习近平新时代劳动观的形成产生了重要影响。

（四）丰富胡锦涛劳动论述的价值要义

胡锦涛发扬了一些与劳动相关的概念和方法，形成了具有一定特色的劳动论述。在胡锦涛看来，"成就任何一项伟业都离不开劳动"，"劳动是人类文明进步的源泉，劳动创造世界"。胡锦涛的劳动论述对习近平新时代劳动观产生了重要影响，其中很多科学的劳动观不仅被习近平传承和吸纳，而且被他赋予了时代的新意，让其价值要义得到丰富和拓展。

二、中华人民共和国成立以来劳动教育的发展历程

（一）劳动教育初塑时期（1949—1955）

"劳动和劳动教育是人存活的自然手段。"中华人民共和国成立初期，国家以建设与恢复发展为主要任务，劳动教育也以个人和国家的生存与发展为主要目的进行初塑。国家将这一时期的教育方针定义为"为工农服务，为生产建设服务"，通过教育支援工农生产，通过教育推动国家建设。1950年，教育部副部长钱俊瑞在《改革旧教育，建设新教育》报告中提出"实行教育与生产结合"的教育方针。这一概念的提出使劳动教育在国家政策中有了新的内涵，推动与基础生产相结合的劳动成为教育的新形式，在劳动中开展教育，通过劳动进行教育，以及用劳动推动教育发展。

中华人民共和国成立初期，国家对劳动教育进行了崭新的探索，完成了劳动教育基本体系的初塑。但政策落实过程中存在地区、课程不平衡的问题，人们普遍的劳动意识和劳动习惯还未形成，劳动教育落实的探索依旧任重道远。

（二）劳动教育政治化时期（1956—1977）

三大改造完成后，社会主义新制度确立下来。为新的政治制度服务成了这一时期劳动教育新的探索目标。1958年《中共中央、国务院关于教育工作的指示》指出党的教育工作方针是"教育为无产阶级的政治服务，教育与生产劳动相结合"。"文革"期间的劳动教育则带有一定的"阶级斗争"色彩。劳动教育在教

方针中有了一席之地，但同时也因过度政治化而走向异化发展时期。

这一时期的劳动教育强调通过劳动教育进行思想改造。

（三）劳动教育现代化初建时期（1978—1992）

改革开放揭开了时代新篇章，劳动教育改革也被提上日程。这一时期的教育方针深深植根于经济建设大背景下，为国家的全方面改革建设服务，与国民经济快速发展相契合。国家通过根本大法的方式对教育进行进一步厘清。"国家发展社会主义的教育事业，提高全国人民的科学文化水平。"重新规定了教育的阶级属性。邓小平多次在全国工作会议上指出，要在新的社会背景下，研究如何在批判与继承的基础上更好地贯彻落实教劳结合的教育方针，如何更好地让教育为经济建设添砖加瓦。积极探索教育与生产劳动融合发展模式成了这个时期现代化发展的重要命题。

这一时期，国家全面推动劳动教育为新时期现代化建设服务，结合国情将现代化教育落到实处，在大政方针上进一步规定了劳动教育适应现代化发展的新趋势。

（四）劳动教育转型发展时期（1993—2000）

1993年11月，中国共产党十四届三中全会举行。社会的现代化建设步伐加快，劳动教育也迎来了学科化向综合实践化发展转向的过渡时期。1993年，《中国教育改革和发展纲要》（简称《纲要》）指出，当前的教育工作任务是进一步提高劳动者素质，培养大批人才，建立适应社会主义市场经济体制和政治、科技体制改革需要的教育体制，更好地为社会主义现代化建设服务。《纲要》拉开了劳动教育现代化转型的序幕，推动劳动教育逐渐走向制度化和规范化。时任国家主席的江泽民多次在全国教育工作会议上强调了党的教育方针要大力贯彻落实，推动了劳动教育的转型发展。

这一阶段劳动教育的发展处于重大转型阶段。人的劳动培养由此有了更全面的内涵和意义，为21世纪全面建设小康社会劳动教育的发展奠定了思想理论根基，进行了初步探索。

（五）劳动教育整合发展时期（2001—2011）

2001年《国务院关于基础教育改革与发展的决定》（简称《决定》）发布，赋予了劳动教育愈加丰富的内涵与要求，推动了劳动教育迈入整合发展的时代。

进入21世纪以后，国家对知识和人才更加尊重，劳动教育进入整合发展时期。综合实践活动课程的方式让劳动教育更加多元化。以人为本凸显了课程的内在人文价值。劳动情感教育将劳动和情感进行整合，促进精神世界的繁盛，全面推进学生自主参与社会综合性实践，培养独立意识，认知劳动创造的意义与重要性。

（六）劳动教育新时代发展时期（2012— ）

2012年党的十八大后，教育的改革发展进入了新时代。在综合素质评价稳步推进及立德树人教育体系逐步完善的大背景下，将"劳"纳入教育方针被提上了议程。劳动教育开始加速发展，关于劳动教育的落实机制也愈加健全，劳动教育更加趋向价值观的引领，多学科资源的相互整合与开放性、包容性的方式及方法不断涌现。

  延伸阅读

巴甫洛夫的坚持

巴甫洛夫，俄国著名生理学家，条件反射学的创始人，1904年荣获诺贝尔生理学或医学奖，从小就非常热爱劳动。

在他小时候，有一天，巴甫洛夫和弟弟米加约好去园子里种树，他们费了很大的劲才挖了一个坑。他们正要把苹果树栽下去的时候，爸爸从屋里跑出来了，指着园子里一块突出的高地对兄弟俩说："你们看，那儿地势高，一下雨，这里就会积水，苹果树不就要淹死了吗？"

弟弟听了爸爸的话，小嘴一噘，不高兴地走了。而巴甫洛夫并不灰心，跟着爸爸在高地挑选了一块空地，重新挖起来……

巴甫洛夫从小就养成了爱劳动的习惯，一直保持到晚年。在国内战争年代，他在实验室周围的空地上种菜，自力更生地解决了吃菜的困难。

三、我国劳动教育的历史经验与展望

教育与生产劳动相结合是马克思主义关于教育的基本原理。虽然马克思未对劳动教育进行明确界定，但他多次详细阐明"教育与生产劳动相结合"的独到思想。这是劳动教育在全世界范围内广泛推行的理论基石，也是马克思主义中国化在教育领域的血脉与灵魂。在中华人民共和国成立70多年的沧桑巨变中，劳动教育的新旧形态不断更迭，带来劳动教育内涵及功能全面而深刻的变革。站在时代高速发展的当下，梳理劳动教育演变脉络可知得失，展望劳动教育时代发展可助复兴。

（一）我国劳动教育演变的鲜明特征

"劳动教育是关于劳动的教育和通过劳动的教育的有机统一。"中华人民共和国的劳动教育通过挖掘自身的时代性、综合性和规范性等鲜明特征，积极探寻自身存在的合理价值与意义。

第一，时代性，越来越体现出劳动教育功能的社会属性。"劳动教育应依据劳动形态的演进而与时俱进"，从中华人民共和国成立之初到现在，劳动教育的建设由被动到主动，也彰显了新时代更加注重主体性的体验和个性化需求，也更加贴合实际，健全人格，推动社会和谐发展。

第二，综合性，越来越体现出劳动教育内涵的丰富性。由最初的限制在体力劳动之中扩大到脑力劳动领域，再到后来的注重劳动情感培养的综合实践活动课程，劳动教育的内涵由单一走向综合，由单纯的技能课变成思想道德实践课，由德、智、体、美、劳"五育"被割裂培养到"五育"融合发展。立德树人教育体系全面建设，引领教育实践与劳动创造。这是劳动教育的进步，也是时代多元化融合发展的成果。

第三，规范性，越来越体现出劳动教育实施的制度化。从草案到试行案，再到修正案，再到通过教育立法的形式规定劳动教育的重要地位，劳动教育逐渐走向制度性规范，并建立起健全的劳动教育实施与评价的长效机制。

（二）我国劳动教育的主要成绩

我国的劳动教育变迁留下了前人探索与实践的坚实脚印。后人积极总结劳动教育发展演变中的经验与教训，认真吸纳各类新创意的思想营养，以丰富和完善劳动教育格局，推动新时代的劳动教育体制不断与时俱进。

首先，在课程设置方面，劳动教育由单独设科到转型为综合实践活动课程。中华人民共和国成立初期推行基本生产技术教育。劳动教育在课程设置方面有了最初的探索。20世纪五六十年代国家采用勤工俭学的方式，对中小学劳动教育进行更详尽的安排。这一时期以"劳"代"课"，体脑结合发生失衡，过度的政治化使学校课程成为负担。70年代减少了劳动教育课程的授课时数，开始根据循序渐进的原则，对不同年级制定不同的规定和要求，开始探索我国社会主义学校的劳动教育政策，劳动教育政治性、工具性进一步加强。改革开放后，国家开设了专门的劳动技术课。劳动技术课成为学校的必修课程，不仅培养学生的劳动意识，还培养学生的劳动技能,由片面的体力劳动课程正式转变为全面的体脑结合课程。与社会经济建设紧密结合的劳动技术课,促进了劳动教育与社会建设的协调发展。20世纪90年代,劳动教育课程设置形式开始转变。21世纪的劳动教育由独立课程转型为综合实践活动课程。劳动教育与其他学科相互影响,但其实践性地位被削弱。在课程设置上,我国逐渐突破学习苏联、日本等国家的局限,开阔视野,借鉴德国劳动教育涉及众多领域的综合模式、美国劳动课程贯穿学校和家庭生活的模式,与此同时,也加强劳动教育本土化的研究。

其次,在价值倾向方面,劳动教育从中华人民共和国成立初期注重工具性价值到现在更关注人文性价值。从中华人民共和国成立到"文革"时期,劳动教育更多地被看作国家建设的工具,侧重关注体力劳动与生产劳动技能的学习。改革开放后,随着社会现代化建设步伐的加快,国人对于劳动教育的观点也愈加现代化,"体脑结合"思想被提出。劳动教育不再只是体力劳动的工具,其内在的人文性价值被挖掘。人们开始关注劳动教育的价值引领功能,将其作为社会价值观建设的一部分。劳动教育要能够确保人获得一种自我存在的价值感和意义感。因此,推动劳动教育和德育、美育等的渗透与融合,成为人文素质教育的重要内容。劳动教育的人文性价值被凸显,也有利于在全社会形成崇尚劳动、热爱劳动的良好风气。特别是21世纪初《国务院关于基础教育改革与发展的决定》(国发〔2001〕21号)颁布之后,劳动教育不再被窄化为社会进步的工具,其内在人文性价值也被逐渐重视起来。

再次,在教育体系的地位方面,劳动教育与其他"四育"的关系问题一直备受争议。有学者建议,将劳动教育纳入教育发展的整体布局,与其他"四育"地位等同。也有学者认为劳动教育与德、智、体、美"四育"是不同层次的教育,与后四者是相互包含的关系。培养德、智、体、美、劳"五育"人才,将"三育"扩充为"五育",这是我国教育的一大革新,标志着学校教育开始关注审美素养与劳动能力。1993年《中国教育改革和发展纲要》印发后,劳动教育被列入德育,"四育"的提法一度盛行。2012年后,习近平总书记多次强调在全社会开展劳动教育的重要性。将"劳"纳入教育方针再次被提上议程。劳动教育与其他"四育"的关系不断演变,证明了国家在不同时期对劳动教育的理解与态度,也体现着国家对于教育全面发展的理解与落实。"五育"的关系由割裂走向融合发展,突破了传统思维,不再仅停留在形式层面,而是加强彼此之间的相互渗透与融合发展。

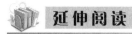
延伸阅读

王安石下乡调查

王安石在青年时期便立志造福于民。他不仅熟读儒家经典和诸子百家之言，而且十分重视接触社会实际，关心民间疾苦。所做文章皆切中时弊。见者皆服其精妙。22岁时，王安石中进士第四名，被派往扬州，任地方长官韩琦下属。他在扬州任职时，常利用闲暇时间广阅博览。每夜读书直到天明，略歇会儿，日已高，急上府，多来不及盥洗。韩琦疑心王安石夜间饮酒作乐，就劝说："你还年轻，不应放弃读书，不要自弃。"过后，才知错怪了王安石。扬州三年任满，按规定，王安石此时可以要求到朝廷史馆或秘书省任职，以便升迁。但王安石要求下调地方。于是乃调任鄞县（今宁波鄞州区）县令。是年王安石27岁。

王安石到鄞县后所做第一件事就是下乡调查。他所写《鄞县经游记》一文中，记载了这次下乡调查的一些情况。

据记载，第一天，王安石轻车简从，跋山涉水，抵达万灵乡左界。在途中和当地乡民研究开渠灌溉问题。晚上宿慈福院。第二天，登鸡山，亲自察看石工凿石情况。下山后又上育王山，晚宿广利寺。第三天到了灵岩海滨，与当地人士商讨防止海潮倒灌之法。晚宿灵岩旌教院。第四天抵芦江，看往年决口处，晚宿开善院。第五天，去天童山，宿景德寺。第六天微明，就和该寺长老瑞新一同上山，中午还寺吃饭。当晚乘小舟夜行。天明，抵大梅山保福寺庄就餐。后上山，过五峰，行十多里，复乘小船抵小溪，已是半夜。天明观新开渠工程，还食普宁寺。就这样，王安石用了十多天的工夫，跑了十四个乡，对鄞县山川地势、水利设施、民间疾苦有了实际的了解。为免扰民，一路上，王安石尽可能食宿于寺院。

经过这番调查，王安石认为鄞县发展农业生产的关键在于兴修水利。在给上司的一份报告中，他写道："鄞县跨负江海，水有所去，故人无水忧。惟山谷之水直泄人海而无所储，易于发生旱灾。"所以，王安石决定，抓住这年丰收的有利时机，利用农闲，在鄞县大修水利工程。由于这些工程符合人民愿望，全县之民闻令即行，"起堤堰，决陂塘。为水陆之利"（《宋史·王安石传》），工程进展顺利。

王安石上任第二年，又在鄞县试行了青苗法。春天青黄不接，政府对贫苦农民发放贷款，以免他们受高利贷者盘剥之苦。这对帮助穷人渡过春荒起了很好的作用。

有人说王安石治鄞是他以后变法的预演，这个说法并不过分。著名的"王安石变法"中的许多措施都可从王安石治鄞时的做法中找到例证。

王安石是中华民族杰出人物之一。由于他的变法活动,他被列宁称为"中国十一世纪的改革家"。

名人名言

任何一个公民,无论他是贫或是富,是强或是弱,只要他不干活,就是一个流氓。

——卢梭

第四节 树立正确的劳动观念

一、尊重劳动

劳动是人类最基本、最重要的社会实践,是人类社会生存和发展的根本前提。尊重劳动是社会主义的本质要求。社会主义把劳动看作至高无上、最光荣体面的事情。尊重劳动,首先要把劳动本身作为尊重的对象,任何积极有益的创造性诚实劳动都应该得到应有的承认和尊重。为此,我们必须从观念上消除不同的劳动形式、不同质量的劳动之间的差别,防止将劳动本身等级化、高低贵贱化、固定类型化,防止把某些劳动形式看得比别的劳动形式更重要。尊重劳动应该被理解为无差别地崇尚任何劳动。只要是对社会的发展进步起了积极推动作用的劳动,不管其付出量大小,都应当受到尊重;只要这种劳动为社会做出了贡献,不管劳动的结果所产生的积极贡献大小,都应该得到承认。正如习近平总书记所说:"在我们社会主义国家,一切劳动,无论是体力劳动还是脑力劳动,都值得尊重和鼓励;一切创造,无论是个人创造还是集体创造,也都值得尊重和鼓励。全社会都要贯彻尊重劳动、尊重知识、尊重人才、尊重创造的重大方针,全社会都要以辛勤劳动为荣、以好逸恶劳为耻,任何时候任何人都不能看不起普通劳动者,都不能贪图不劳而获的生活。"

在今天,尊重劳动尤其要克服鄙视简单劳动、体力劳动的不良偏见,同时,也要克服不承认管理者、经营者的劳动的非科学态度。现实中的劳动肯定有分工的不同,但没有高低贵贱之分。所有的劳动只要是产生积极意义的,都是值得倡导的劳动。所有的劳动者都应该具有平等的地位和人格。尊重劳动还要防止片面地将劳动理解为生产劳动，误以为除了生产产品的劳动之外，其他都不是劳动。只有全面地理解劳动概念的科学内涵，才能真正做到尊重一切创造性诚实劳动。

 延伸阅读

"劳动节"里为何没有"劳动"？

每年"五一节"，除了 CCTV、《人民日报》等官方媒体外，一般社会媒体连篇累牍的报道几乎都聚焦在节日期间的赏花、远游、奇闻趣事等娱乐性事件上。在游人如织、人头攒动的气氛里，在所有人都兴高采烈过节的时候，有多少人会留意"五一节"与其他节日的本质不同？

"五一节"又称"五一国际劳动节""国际示威游行日"（International Workers' Day 或者 May Day），其起源是 1889 年 7 月 14 日，恩格斯领导"社会主义国际"（第二国际）在巴黎召开第一次代表大会。会议通过的《劳工法案》《五一节案》，决定以同盟罢工作为工人争取应有权益的斗争武器，并决定把 5 月 1 日这一天定为国际劳动节（规定 1890 年 5 月 1 日世界各国的国际劳动者举行示威游行，庆祝劳动节）。目前，世界上仍然有 80 多个国家将"五一节"设定为全国性节日。中华人民共和国成立后不久，中央人民政府政务院即于 1949 年 12 月做出决定，将 5 月 1 日确定为"劳动节"。从 1989 年起，国务院基本上每 5 年表彰一次全国劳动模范和先进工作者，每次表彰数千人。

换言之，"五一节"设立的初衷或本意大体有两个：一是用示威游行方式争取劳动者权益（如八小时工作制等），二是肯定、褒扬劳动及劳动者的价值。今天，即便不是所有人都已经忘记，但多数人已不再关心劳动节设立的初衷。"五一劳动节"的现实演绎里，已经只有"节日"，没有"劳动"。

二、热爱劳动

热爱劳动是中华民族的传统美德。勤劳智慧的中华儿女正是用辛勤的劳动创造了物质生活，创造了精神文明，创造了中华五千年璀璨的文明史。我国著名教育家陶行知说："人生两件宝，双手和大脑，一切靠劳动，生活才美好。"劳动让心灵净化，让思想升华，让生命多一分价值，让世界更加美好。一个时代有一个时代的梦想，一代人有一代人的幸福向往与追求。幸福都是奋斗出来的，而劳动正是奋斗的载体。唯有劳动才能不断构筑幸福向往，唯有劳动才能创造美好生活。

劳动创造物质财富。美好生活离不开物质财富，而拥有更丰富的物质财富需要劳动。在漫长的劳动实践中，中华民族创造了丰厚的物质财富，不断地满足人们对物质生活的需要，夯实人民群众对美好生活向往的基础。人民群众在获得感、幸福感和安全感不断增强的过程中，其归属需求、自尊需求和自我价值需求也得到了充分体现。随着物质财富的增长，人们对劳动的理解、对奋斗的解读也有了丰富的内涵。

劳动创造精神财富。劳动不仅创造了物质财富，还创造了人类文明。人们在劳动中丰富了思想，收获了快乐。劳动是精神财富取之不尽、用之不竭的源泉。从木器鼻祖鲁班、解牛的庖丁，到中华人民共和国成立以来涌现出的大批劳动模范，他们不仅在岗位上创造了自己的人生价值，也通过劳动创造了鼓舞一代代中国人奋发有为的精神财富。不管是劳模精神、工匠精神，还是愚公移山精神、钉钉子精神，最终都汇聚成民族精神和时代精神，转化为推动社会发展，实现人民群众对美好生活向往的奋斗动力。

劳动创造历史财富。劳动不仅创造幸福、成就梦想，还创造历史。从古至今，不管时代如何变迁，社会如何进步，劳动始终是历史前进的根本动力。劳动让"万丈高楼平地起""高峡出平湖""下五洋捉鳖""上九天揽月""天堑变通途"这些昔日伟大的预言变为了现实。劳动人民真正成为时代的变革者、历史的创造者。正是因为一代代劳动者的劳动创造，我们才拥有了历史的辉煌，拥有了今天的成就。

三、辛勤劳动

辛勤劳动是诚实劳动、创造性劳动的基本前提。习近平总书记强调，人生在勤，勤则不匮。幸福不会从天而降，美好生活靠劳动创造。辛勤劳动是每一个中华儿女应有的劳动态度和生命状态。

辛勤劳动，既有"辛"也有"勤"。新时代，辛勤劳动含有勤学和勤劳两方面的内容。勤学强调的是锐意进取、勤勉为人。人才有高下，知物由学。梦想从学习开始，事业靠本领成就。一名劳动者要想有所作为，就应当树立终身学习的理念，立足岗位，向师傅、向同事、向书本、向实践学文化、学科学、学技能、学各方面知识，增强自身综合素质，增长新本领，不断更新自我，积极应变，主动求变，与时俱进。勤劳，强调的是脚踏实地、奋发干事。"艰难困苦，玉汝于成"，习近平总书记用这句古语形容了改革开放以来中国的风雨历程和辉煌成就。

我们"取得的成就不是天上掉下来的,更不是别人恩赐施舍的,而是全党全国各族人民用勤劳、智慧、勇气干出来的"。回溯历史,任何一点进步、任何一次成功都是由人民的艰苦奋斗、辛勤劳动创造出来的。越是美好的未来,越需要我们不畏艰辛、不辞辛苦。

四、诚实劳动

诚实劳动是辛勤劳动的延伸和表现,是创造性劳动的重要前提。习近平总书记指出:"人世间的美好梦想,只有通过诚实劳动才能实现;发展中的各种难题,只有通过诚实劳动才能破解;生命里的一切辉煌,只有通过诚实劳动才能铸就。"用诚实劳动创造幸福人生和美好生活是中国人民共同的价值追求。

诚实劳动是指劳动者以积极、实干、诚信的态度为他人和社会提供产品服务,表现为劳动者在不违背法律法规的前提下从事道德的劳作,具有至真性、共享性、至善性等特点。诚实劳动的至真性,表现为劳动认知的客观、劳动行为的务实和劳动成果的实事求是。一方面,劳动者对其从事劳动所必备的知识、技能、技巧有正确认识,对自我劳动素质能理性判断并做出合理的自我定位;另一方面,劳动者立足岗位,踏实劳动,求真学问,练真本领。同时,劳动者实事求是地对待劳动成果,摒弃虚假之风,反对一切不劳而获和投机取巧的思想,积极弘扬劳动精神、劳模精神和诚信文化,依靠诚实劳动实现人生梦想。诚实劳动的共享性,表现为劳动知识和劳动成果的共建共享。劳动过程中劳动技能技巧的切磋,劳动资料、知识、成果的分享互鉴等,体现出劳动者之间相互学习、合作共赢的和谐关系。诚实劳动的至善性,表现为劳动思想和劳动行为的"善"。诚实是劳动者的基本道德品格。诚实劳动凸显了劳动者的道德主体性。道德的劳动从根本上决定了劳动的"善"。构建和发展和谐劳动关系、促进社会和谐,需要劳动者积极践行诚实劳动理念,将社会责任和时代使命融入诚实劳动。从对待劳动认知、劳动过程、劳动结果的态度和行为实践可以看出,实干求真贯穿诚实劳动的始终,是整个劳动活动得以完成和继续的轴承,是诚实劳动的本质内涵。习近平总书记指出:"空谈误国,实干兴邦。"实干首先要脚踏实地。如果劳动者驰于空想、骛于虚声、投机取巧,那中国梦永远都只是黄粱一梦。于个人而言,唯有诚实劳动,才能最好地保障和实现人的自由本质,创造体面劳动和全面发展的"资本"。于国家而言,诚实劳动是增强国力的基石和坚守国格的精神基因。

"五心"天使 匠艺传承
——劳动教育与实践

延伸阅读

范仲淹吃粥苦读成才

位于湖南岳阳城西、濒临洞庭湖的岳阳楼,为我国古代江南三大名楼之一。岳阳楼之所以享有盛名,和那篇世代传诵的《岳阳楼记》密不可分——提起文中的名句"先天下之忧而忧,后天下之乐而乐",又有谁不知道呢?

这篇名文的作者范仲淹(989—1052),字希文,江苏吴县(今江苏苏州)人,出身贫苦,两岁时丧父,母亲后来改嫁;但他志向远大,常"以天下为己任"。大中祥符八年(1015)中进士,官至枢密副使、参知政事。仁宗时,范仲淹率兵镇守延安,抵御西夏。西夏人说他"胸中自有数万甲兵",不敢进犯。在我国历史上,范仲淹是位开明、正直、清廉的贤臣。他忧国忧民,主张革除积弊、改良政治。在参知政事任上,曾提出均田赋、修武备、减徭役、择长官等十项建议,可惜遭到守旧派的反对而未能实施。

范仲淹十几岁时,借住在长山醴泉僧房中,昼夜苦读。他每天煮上一锅稠粥,凝冻以后,用刀切成四块,早晚各吃两块,菜蔬也只是酸菜、咸菜。

后来,他为了开阔眼界,独自一人身背书籍,来到宋朝的南京(今河南商丘),进了著名的南都学舍。

他的学习条件改善了,但仍吃粥和咸菜等。他的一个同学是南京留守的儿子,在家中向父亲提起范仲淹刻苦读书但一天只能吃上两顿粥的事情。那位留守很受感动,就叫儿子把厨房中好吃的东西拿去送给范仲淹。

但是几天之后,留守的儿子发现,他送去的饭食都原封未动,有的都腐烂变质了,心中十分不解,就问范仲淹说:"家父听说你清贫刻苦,特地让我送东西给你吃。你却不肯动筷,是不是你误会了我们的一片好意呢?"

范仲淹连忙回答说:"哪里,哪里,对你们的好意我由衷地感谢。但我只能心领,万万不能去吃。我对吃粥早已习惯,如果现在享受这些美味佳肴,以后我还能吃得下粥和咸菜吗?请你务必向令尊大人解释清楚。"

又过了些时候,范仲淹穷得连一天两顿粥都吃不上了,只在傍晚时分喝一点稀饭。但他仍不改初衷,坚持昼夜苦读。

可以说,没有青少年时期的这番艰苦锻炼和奋发精神的培养,范仲淹是不会有后来的成就的。

拓展活动

以现代人一天所接触的劳动为中心关键词，尝试做一张思维导图（图1-1），梳理我们在一天当中都会遇到哪些劳动？提示：次级关键词可以从时间（如早、中、晚）或空间（如家里、学校、商场、餐馆）等维度展开。

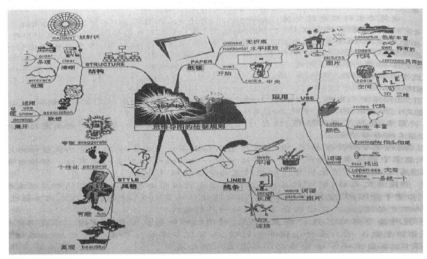

图1-1 思维导图的绘制规则

名人名言

我觉得人生求乐的方法，最好莫过于尊重劳动。一切乐境，都可由劳动得来，一切苦境，都可由劳动解脱。

——李大钊

第五节 习近平新时代劳动教育的新发展

习近平新时代中国特色社会主义思想在充分继承马克思主义思想的基础上，进一步发展了马克思主义劳动观，开创了新时代中国特色社会主义劳动思想的新境界。习近平总书记立足新时代历史方位，对劳动和劳动教育做出重要论述。习近平总书记要求把劳动教育纳入培养社会主义建设者和接班人的总体要求之中，明确提出构建德、智、体、美、劳全面培养的教育体系。同时对新时代劳动教育做了顶层设计和全面部署，意义重大，影响深远。我们必须增强全面贯彻党的教育方针、抓好新时代劳动教育的紧迫感、责任感。

一、传承、弘扬中华优秀传统劳动文化

中华民族是勤于劳动、善于创造的民族，始终将勤勉劳作视为社稷之基和生活之本，崇尚"天道酬勤""天亦惟用勤毖我民""民生在勤，勤则不匮"等理念。推动中华传统文化中劳动思想的现代转化，有助于提升劳动教育的精神品格，使其更富人文属性和历史底蕴。

二、推动劳动教育融入学生学习生活全过程

劳动教育的开展必须遵循学生身心发展规律和教育自身规律，循序渐进地在不同学习阶段开设相应课程，激发学生辛勤劳动、诚实劳动、创造性劳动的内生动力。鼓励中等职业学校与中小学联合开展劳动和职业启蒙教育，为服务新时代中国特色社会主义建设事业培养大批高素质劳动者和技术技能人才。推动校内外教育融合发展，组织开展家务劳动、志愿服务、就业创业、科技创新等形式多样的实践活动，充分满足学生的个性化需求。

三、营造崇尚劳动的社会氛围

劳动教育要倡导劳动最光荣、劳动最崇高、劳动最伟大、劳动最美丽，营造尊重劳动、尊重知识、尊重人才、尊重创造的舆论环境，增强学生对于劳动的情感认同、理性认知和实践自觉，鼓励他们把爱国情、强国志、报国行自觉融入坚持和发展中国特色社会主义事业、建设社会主义现代化强国、实现中华民族伟大复兴的奋斗之中。

延伸阅读

克罗克擦桌子

克罗克的家境并不富裕，下课后在一家快餐店打工。起初老板安排他专门擦桌子。他毫无干劲儿，当天就溜回了家。

克罗克向父亲诉苦："我的理想是做老板，不是擦桌子。"父亲没有反驳他，而是叫他先把自家的餐桌擦干净。克罗克拿来毛巾，在桌子上随意擦了一遍，然后看着父亲，等他验收。

父亲拿来一块崭新的白毛巾，在桌面上轻轻擦拭了一下，洁白的毛巾立即脏了。父亲指着桌子说："孩子，擦桌子是很简单的活儿。但是你连桌子都擦不干净，还能做好什么，凭什么做老板？"克罗克羞愧难当。

克罗克回到了快餐店。他谨记父亲的教诲，每次擦桌子都要准备5条毛巾，依次擦数遍，而且每次都顺着同一个方向擦，为的是不让毛巾重复污染桌面。

最终，克罗克得到老板赏识留了下来。后来，他接管了那家快餐店，做了老板。10年后，他创立了自己的品牌——麦当劳。

名人名言

劳动受人推崇。为社会服务是很受人赞赏的道德理想。

——杜威

第二章

劳动伦理与劳动关系

导 语

劳动在创造人的同时，也创造了人这个道德主体，以及由此而展开的各种伦理关系。当今的劳动已经远远超出体力与脑力、简单与复杂的二元形态，呈现出多样性。劳动教育又重新出现在教育视野。重拾劳动伦理，不但有益于解决劳动本身的伦理问题，还有助于在全社会形成尊重劳动、热爱劳动、劳动光荣、勤劳奋斗的良好社会风气。劳动伦理涉及社会关系。人们在劳动过程中改变了纯粹独立的个体形式，与他人建立了联系，形成了社会关系。劳动成果的取得和劳动能力的增强离不开和谐的劳动关系。

第一节 劳动伦理

一、劳动伦理的意义

劳动既改造了物质世界，也创造了道德原则，劳动的价值目标也有相应的社会道德评价标准。

在儒家思想中，孔子认为，上位者并不需要做种庄稼之类的"鄙事"，以对社会创造价值做出贡献为目标的劳动才是君子应该从事的。后来，面向基层工作或从事直接生产劳动被斥为"发配和劳改"，犯错误了就被罚劳动，劳动成了一种惩罚的手段，造成了轻视劳动和劳动人民的现象。马克思在《1844年经济学哲学手稿》中给予资本家通过欺骗和压迫获取利益的劳动方式负面的道德评价。现代劳动需要多种生产要素的综合作用。劳动行业与劳动者的工种越来越复杂。劳动和劳动者都应该被尊重。

随着生产力的不断提高，人的基本物质生存需要拓展到了更高层次。由于人对自然的不当探索与改造，自然资源开始枯竭，生态平衡遭到破坏，人的基本生存环境出现了危机。劳动伦理涉及社会关系。劳动力虽然是私人的，但是劳动过程与劳动成果具有社会属性。人们在劳动过程中改变了纯粹独立的个体形式，与他人建立了联系，形成了社会关系。劳动成果的取得和劳动能力的增强离不开和谐的劳动关系。一方面，劳动者与劳动管理者的关系需要伦理检视。劳动者要坚守职业道德、诚信劳动，按照行业及道德要求履行劳动义务。劳动管理者要尊重劳动，为劳动者提供具有发展空间的劳动环境，建立合理的利益分配制度，切实保障劳动者的权利，使劳动者团结协作，创造社会财富。另一方面，劳动的社会场域需要伦理检视。劳动具有公共性。公共环境是劳动的社会场域。劳动者需要认识到劳动的社会属性，提升职业道德和素养，自主自觉地将小我投入社会劳动中；社会通过对劳动进行客观、正向的道德衡量与评价，形成有利于劳动合作、劳动成果共享的环境，发挥社会伦理的作用。

习近平总书记对劳动教育的定位兼顾了个体发展和国家发展的双重意义。推进新时代劳动教育，不仅应强调通过辛勤劳动磨炼学生意志，还应从为国家、民族发展培养高素质劳动者的高度，充分认识诚实劳动，特别是创造性劳动的价值；不仅应重视勤俭、奋斗等劳动精神的培养，还应重视社会主义劳动观念的塑造和劳动技能水平的提高。劳动观念的正误、劳动能力的有无、劳动动力的强弱不仅关乎人的本质力量的彰显，也关乎新时代美好生活的实现。

二、劳动伦理的基本内涵

《劳动伦理学》一书中提出：劳动伦理产生于人类的劳动关系，认为自从有了社会劳动，就产生了劳动关系，也就有了规范和调节这种劳动关系的道德原则；劳动伦理是对劳动关系中道德现象的概括，主要是指在劳动中人与其他诸要素之间应当遵守的道德准则。马克思主义基本理论认为，劳动伦理的最终价值取向是人的全面发展和解放。据此，我们可以把劳动伦理基本内涵概括为以下四个方面。

（一）尊严的劳动

人的社会存在总是劳动的存在。劳动与尊严是劳动者人格审美价值生成时的基础。不论劳动者的身份地位如何，不论劳动者所从事的行业和工种如何，劳动者的尊严都必须得到维护和保证。这就要求劳动和劳动者必须被尊重。在此状态下，劳动者的自由意志和价值创造才能充分发挥。劳动者在完成自我价值创造及给他人提供服务并使之体验到劳动之美好的过程中，其劳动的尊严也得到了确保和弘扬。正如马克思所言，如果我们生活的条件容许我们选择任何一种职业，那么我们可以选择一种使我们最有尊严的职业，选择一种建立在我们深信其正确的思想上的职业……在从事这种职业时我们不是作为奴隶般的工具，而是在独立地进行创造。

（二）公平的劳动

公平的劳动首先表现为劳动力市场上的就业机会均等，禁止因为劳动者的性别、民族、年龄不同而歧视；其次要求劳动者获得与之劳动付出相对等的劳动报酬，并且保证所有劳动者同工同酬；再次是所有参与劳动的劳动者必须得到广泛而有效一致的劳动保护。公平的劳动是人类劳动自由与劳动真理的永恒追求，既是劳动伦理的核心内容，也是劳动伦理的本质要求。

（三）自由的劳动

自由的劳动是指劳动不仅仅是手段，更应该作为目的，是人类自主性劳动程度更高的劳动。劳动是人类的本质活动，是一种自由自觉的活动。在自由劳动阶段，劳动不是外在的，而是人的本质之必然要求。自由劳动最大限度地实现人的自由，是真正的自由和"实在的自由"。何谓"实在的自由"？马克思给出了如下的阐述："外在的目的失掉了单纯外在必须性的外观，被看作个人自己自我提出的目的，因而被看作自我实现、主体的物化，也就是实在的自由，劳动会成为吸引人的劳动，成为个人的自我实现。"① 在此状态下，劳动成为人生之目的，真正成为人的本质需要，是自由的、自主的、自觉的、自愿的，是劳动者的自我实现、自我创造、自我升华。

---

① 马克思恩格斯全集：46卷 [M]. 北京：人民出版社，1979：112.

（四）幸福的劳动

从人的现实经验来看，劳动是不幸福的，这是因为人们常将劳动等同于强制，甚至把劳动等同于劳累和痛苦。但是历史告诉我们，劳动和幸福并不是必然的矛盾，而是内在的必然统一。也就是说，劳动是幸福的基础，是幸福的源泉，而幸福是劳动的果实，是对劳动的奖赏。幸福的劳动是指劳动者在劳动中实现了自己内在的自由意志和目的，展现了自己生命的美好向度，获得了一种全新的生命体验。或者说，在劳动过程中，劳动者不仅享受劳动成果，还享受劳动过程，体验着生命的意义，实现了人自身的目的，反映出人性的光辉。正如马克思所说："我的劳动是自由的生命表现，因此是生活的乐趣。"① 此时，人在劳动过程中实现了人与自己本质之间、人与人之间、人与社会之间及人与自然之间的充分和谐。

然而，在现实中，无论是资本主义社会还是社会主义社会初级阶段，距离自由劳动和幸福劳动都还有很长的路要走，还需要长久的社会历史条件的累积。就当前的人类劳动发展及现实而言，劳动伦理的形态可以称为体面的劳动。体面劳动要求劳动者在劳动过程中不违反社会伦理道德，其中最重要的是诚实劳动。习近平总书记曾在全国劳模座谈会上指出："劳动是财富的源泉，也是幸福的源泉。"

三、劳动伦理的维度

劳动伦理是指在劳动中人与其他诸要素之间应当遵守的道德准则和规范。劳动伦理主要包括劳动与自然、劳动与社会、劳动与自身发展三个维度。

（一）劳动与自然

在人与自然的互动过程中，劳动是双向的。劳动一方面促进了自然的改变，另一方面又促进了人的改变，而具体的改变方向和路径又由人类自身来决定。劳动的伦理价值与伦理意义是由人与人之间的相互关系来体现和实现的，而在劳动生产过程中人与人之间的相互关系必须要由一定的准则来约束和规范，劳动伦理就在这时候适时产生了。由于自然资源的稀缺性与不可再生性，人类在改造自然的劳动过程中，不能毫无节制地获取，以免造成环境污染、资源浪费等问题。对于自然资源的开发和利用，人类要在道德的约束下，加强资源保护意识，自觉采取相应的保护措施，进而实现人与自然的可持续发展。

---

① 马克思恩格斯全集：42卷［M］．北京：人民出版社，1997：96．

（二）劳动与社会

劳动关系是在社会分工和协作基础上形成的。没有分工与协作，就没有劳动关系。作为一种特殊社会关系与意识形态的伦理道德，来源于人的社会劳动生产实践，它是用来调节劳动生产实践过程中人与人之间利益关系的重要规范。社会分工使得人类劳动更加独立与专业，对提高劳动生产效率与生产水平有重要的帮助。企业生产活动中的职业关系是劳动关系的主要内容之一，也是劳动关系在社会中的具体表现。职业伦理同时也是劳动伦理的具体表现。

（三）劳动与自身发展

在有道德规范的劳动中，个人的天性才能够得到充分的发挥和释放。每个人的自由发展是一切人的自由发展的条件。劳动最基本的意义是作为人类的生存方式和谋生手段，同时使人们的社会本质得到实现和张扬。人的全面自由发展、人生目标与价值都是通过在社会生产劳动中实现的。个人在劳动过程中，创造物质与精神财富，满足了他人的物质与精神需求，就会得到全社会的认可与赞扬，从而获得精神上的满足感、愉悦感和幸福感。

在劳动生产过程中，我们要在劳动伦理的规范和约束下正确处理好劳动与自然、社会、自身全面发展三个方面的关系，做到统筹兼顾、全面协调。既要合理利用和保护自然资源，实现可持续发展，也要维护和保障社会生产秩序，切实履行社会责任。同时，我们还要把劳动作为增强自身能力的一种重要手段，学会在劳动过程中成长，进一步使自身得到全面自由发展。这样的劳动才是符合人类伦理道德的劳动，才能促进企业和用人单位和谐劳动关系的构建。

四、劳动伦理的教育价值

劳动伦理是劳动教育的应有之义，作为劳动教育的重要组成部分，内蕴着劳动的道德要求，既包括了劳动过程中最基本的道德关系，又内含着劳动精神的基本内容。重视劳动伦理，不但有益于解决劳动本身的伦理问题，而且有助于在全社会形成尊重劳动、热爱劳动、劳动光荣、勤劳奋斗的良好社会风气。

劳动伦理是劳动教育的最终目标。劳动教育的内涵是动态发展的，但劳动教育的价值归宿是为了提高劳动者的劳动素养，使劳动者通过真善美的劳动走向幸福生活。劳动伦理有助于劳动者内化劳动教育的内容，使劳动教育的内容成为劳动者自律与他律的统一。一方面，在尊重劳动、崇尚劳动的社会氛围中，符合劳动伦理的劳动主体会收到正向的劳动评价，获得意义感和价值感，从而接受、认同并吸收劳动教育内容。在劳动教育中发扬劳动伦理，能够激发劳动者追求真善美，为劳动教育营造良好的氛围。另一方面，劳动伦理提出的道德概念、道德规范、道德判断等是主观与客观的统一。道德的本质在于实践，其最终目的是以善的规则去调整人们的行为，完善社会和人自身。劳动伦理教育能够在深化劳动者对劳动教育内容理性认识的基础上，促进良好劳动习惯的养成，进一步深化、稳固已经形成的正向劳动价值观念，最终实现道德他律与自律的统一，在劳动过程中自主自觉地践行劳动教育的内容。

习近平总书记指出："我们要在全社会大力弘扬劳动精神，提倡通过诚实劳动来实现人生的梦想、改变自己的命运。"在劳动教育中发扬劳动伦理，有利于劳动精神的学习和塑造。劳动伦理在学校、家庭、社会等劳动场域提出的道德规范、反馈的道德评价，既引导人们在劳动过程中正确认识劳动的价值，又塑造着热爱劳动、诚实劳动、辛勤劳动、创新自由劳动、体面劳动等劳动精神。

五、现实中劳动伦理的缺失

（一）劳动者的伦理失偏

首先，劳动者对权利与义务的伦理认识失偏。在劳动过程中，劳动者的义务与权利应该是一致的。劳动者发挥自身的劳动能力，按照劳动合同履行劳动义务，合理享受获取工资报酬、人身安全、社会保障等权利，从而保证个人与社会的公正。只有保证了个人的付出与收获基本对等，才能保证个体基本的生存权与发展权。片面注重劳动权利，会走向极致的利己主义，淡化社会责任感，阻碍真正的幸福；单纯强调劳动义务，会使劳动者的维权意识淡薄，劳动者的劳动安全与合理劳动时间缺乏保障，劳动者得不到自由而全面的发展。

其次，劳动者兼顾公平与效率的伦理失偏。劳动的自为性和为他性是统一的。要实现劳动的伦理价值，既要在创造自身财富时考量他人的利益，又不能为实现他人利益完全放弃自身的利益。不要劳动报酬的奉献精神值得大力推崇和弘扬，而讨要劳动报酬也具有正当性与合理性，是劳动者应当享有的合法权益。劳动者应统筹兼顾公平与效率原则，通过自身的辛勤劳动，将改善自身生存条件和奉献社会相结合，积累个人财富，创造社会财富，营造充满责任感与幸福感的社会。

（二）劳动管理的伦理失范

劳动离不开分工和协作。劳动管理起着规范和调节劳动关系的重要作用。在现实社会中，劳动管理出现了制度与责任的双重失范，导致劳动关系的不和谐现象产生，破坏社会劳动氛围。

劳动者与劳动管理单位是基于经济契约而形成的劳动关系。劳动者按时按量完成契约规定的劳动后，劳动管理单位本应该合理分配、按时按量支付薪酬。劳动生产效率的不断提高是劳动管理不断完善的重要标志。但现实生活中经常出现劳动管理单位重视企业的利润、轻视劳动者的民主权利与合理利益，为提高劳动生产效率而不合理地延长劳动时间与增加劳动强度。这会影响劳动者的身心健康与全面发展，降低劳动满意度与主动性，导致劳动者与劳动单位的对抗增加，与劳动管理的目的与意义是背道而驰的。

（三）劳动评价的伦理失衡

劳动者的劳动观念、行为、成果是劳动评价的内容。客观、正向的评价能够调整劳动，激发劳动者的积极性，而不客观的负面评价会对劳动者造成心理伤害，同时给社会风气、劳动伦理造成负面影响。

一方面，劳动者的劳动价值没有得到尊重。目前社会上仍然存在区别对待劳动人群、将劳动者视为弱势群体、忽视劳动者基本权利的现象。每一种职业和岗位都有个人价值与社会价值。劳动者通过脑力、体力的付出，创造社会财富，获得合理的劳动报酬，这是劳动者应该享有的基本权利。体力劳动、脑力劳动等被尊重与否不在于劳动的形式，而在于劳动者的努力与付出。对部分劳动者来说，工作已经超越了"谋生"功能，成为体现自我价值的手段。那些对社会有益的平凡工作，也是一项崇高的事业，我们要尊重人民的劳动价值，珍惜群众的劳动成果。

另一方面，劳动者的合理需求没有被正视。劳动应该是为他性与为己性的统一，既是创造社会财富的过程，也是劳动者自我价值实现的过程。劳动评价应该是主观与客观的统一，劳动价值既有为己面，也有利他面。劳动应当有回报，仁义应当有褒奖，大勇应当有激励，只有这样，才能彰显公平，激励后来者。道德不应违反常情、悖逆人情。把道德的标准无限拔高或者把个人的私德当作公德，只能让道德尴尬，让人们闻"道德"色变，进而远离道德。

六、加强劳动伦理教育的途径

现实生活中的劳动伦理缺失值得反思。劳动伦理是劳动教育中的应有之义。劳动管理者应树立正确的劳动观念，加强劳动管理的道德责任意识，针对不同主体的特征，加强全社会范围内的劳动伦理教育，形成良好的劳动氛围，使劳动者在劳动过程中实现自由而全面的发展。

(一)劳动者要树立正确的劳动观念

劳动的目的是实现人的自由而全面的发展,劳动伦理教育的目的也是劳动者实现自由而全面的发展,达到劳动幸福的过程。劳动者要选择为人类谋幸福的职业,在为人类幸福做出贡献的同时实现自己的人生价值。

随着商品经济的发展,社会劳动分工不断细化,劳动岗位种类繁多,劳动者需要根据社会要求,不断提高自身的专业素养。培育懂劳动、会劳动、爱劳动的新人是新时代劳动伦理教育的重要意义之一。劳动者应该涵养尊重劳动、热爱劳动、善于劳动、奉献劳动的精神,在劳动中发掘劳动之美、实现全面发展,树立劳动最光荣、劳动最崇高、劳动最伟大、劳动最美丽的观念,进一步焕发劳动热情、释放创造潜能,通过劳动创造更加美好的生活。在劳动教育过程中要融入生产劳动和社会实践,培育学生热爱劳动、尊重劳动的真挚情感,激发学生吃苦耐劳、勤劳勇敢、昂扬向上的奋斗精神,让学生树立马克思主义劳动观,学会劳动、热爱劳动,增强对劳动人民的感情,在报效祖国、奉献社会中培养劳动情怀。

青少年应结合当代中国劳动伦理的现实要求,树立马克思主义劳动伦理观,培养关于劳动能力、创造、自由、体面的意识。要进行劳动体验活动,提前了解职业要求、发掘职业兴趣,为今后的职业道路提前做好有针对性的规划和准备。

(二)劳动管理重视构建和谐的劳动关系

在劳动管理中坚持道德底线思维、融入伦理因素,能够更好地为劳动者和劳动服务,关注并保障弱势群体的基本权利。弱势群体,如农民工、下岗工人等,由于自身能力的限制和权利意识的缺失,往往从事着劳动强度高、劳动环境差、劳动薪酬低的基础性工作。劳动管理者要把弱势群体的生计问题作为底线,切实保护弱势群体的生存权和发展权。

劳动管理要实现秩序化、人性化,不能仅仅依靠法律制度的强硬手段,还应该在劳动管理中引入道德标准和伦理规范,通过完善劳动法,将劳动伦理渗入劳动合同、劳动管理、劳动绩效评估,为劳动者的人身安全和基本权利提供坚实的法律防线,让法律的刚性要求与道德的柔性约束优势互补。

(三)加强全社会劳动伦理培育

劳动伦理教育的目标是培育热爱劳动、尊重劳动、善于劳动的时代新人。劳动伦理教育中的道德原则内容是结合教育对象的年龄与素质、根据社会发展要求中的道德需要制定的。劳动伦理教育要在日常化、具体化的生活中展开。劳动伦理教育的效果要在实际劳动中检验。教育方案要包含对受教育者在劳动中的实际道德状况进行评估和完善的内容。

劳动是人类的本质的活动。每个人要想在社会上生存和发展都必须从事劳动。由于劳动者年龄、能力和岗位等方面的差别,劳动者的道德水平发展具有差异性和不平衡性。培育劳动伦理需要针对不同群体的教育规律区分教育的场域。家庭是每个人劳动意识形成的最初场所。父母应用正确的劳动道德观念教育孩子,把正面教育和以身示范相结合,鼓励孩子从事适当的日常家务劳动,将劳动伦理教育渗透到孩子的日常生活中。学校是培育劳动伦理的重要场所,要向受教育者提供正确、完整的劳动伦理课程,组织与课程内容相呼应的课外劳动实践,以科学、体系化的教育内容和方法培养受教育者正确的劳动态度、良好的劳动精神面貌、积极的劳动价值取向,培养德、智、体、美、劳全面发展的时代新人,为国家的发展振兴培育高素质的劳动后备军。

 拓展阅读

正确认识劳动义务与义务劳动

权利与义务的统一是现代法治社会的基本要求,也是现代伦理的基本准则。劳动者在享有劳动权利的同时应该履行劳动义务。劳动义务是劳动者的天职,是从人与其他动物的区别中产生出来的,也是从人与人的关系中产生出来的,是人类得以"生生不息、世世繁衍"的道德条件之一。劳动者权利与义务的分配应遵循三大原则:一是贡献原则,即一个人的权利与义务要对等,同时与贡献成正比;二是平等原则,即每个人不论贡献如何都应该完全平等地享有基本权利(即人权)与履行基本义务;三是差别原则,即每个人因其贡献差别而得到相应所得。劳动者劳动权利与义务一致,各国宪法均有类似表述,即有劳动能力的公民从事劳动,既是行使国家赋予的权利,又是履行对国家和社会所承担的义务。必须将诚实劳动、履行劳动过程中应该遵守的基本义务提高到一个关乎社会秩序公正的高度来认识。换言之,只有我们每一个人都在社会体系中各安其分、各敬其业,才能创造一个公正的社会环境。

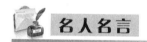

劳动已经不仅仅是谋生的手段，而且本身成了生活的第一需要。

——马克思

第二节 劳动关系

一、劳动关系的含义

所谓劳动关系，一般是指雇员（《中华人民共和国劳动法》统称为"劳动者"）与劳动力的使用者或雇主（《中华人民共和国劳动法》统称为"用人单位"）在实现劳动过程中所结成的一种社会经济利益关系。《中华人民共和国劳动合同法》第十条规定：建立劳动关系，应当订立书面劳动合同。已建立劳动关系，未同时订立书面劳动合同的，应当自用工之日起一个月内订立书面劳动合同。用人单位与劳动者在用工前订立劳动合同的，劳动关系自用工之日起建立。不订立书面劳动合同的，双方尤其是单位会承担较大的法律风险。双方的权利与义务除依法律和双方签订的合同确定外，还要根据工会与用人单位签订的集体合同来确定。如《中华人民共和国劳动合同法》第五十五条规定，用人单位与劳动者订立的劳动合同中劳动报酬和劳动条件等标准不得低于集体合同规定的标准。

劳动关系是一种特殊的社会关系，它受到劳动法的约束，具有以下法律特征：① 劳动关系是在现实劳动过程中所发生的关系，与劳动者有着直接的联系；② 劳动关系的双方当事人，一方是劳动者，另一方是提供生产资料的劳动者所在单位；③ 劳动关系的一方劳动者，要成为另一方所在单位的成员，要遵守单位内部的劳动规则及有关制度。

为了更好地保障劳动者自身的合法权益，法律规定对劳动关系的建立添加了强制性的要求，即用人单位与劳动者建立劳动关系的时候必须签订书面的劳动合同，否则将承担很大的风险，带来诸多不利后果。

二、劳动关系的认定

实践中有的单位没有签合同，而劳动合同法明确规定，只要存在实际用工，就认定劳动关系存在，所以认定劳动关系存在只是个认定标准和举证的问题。认定劳动关系的基本标准应为用人单位与劳动者之间存在着管理与被管理、指挥与被指挥、监督与被监督的关系。辅助标准为：① 用人单位向劳动者支付劳动报酬；② 用人单位提供劳动条件；③ 劳动者提供的劳动是用人单位业务的组成部分。《劳动和社会保障部关于确立劳动关系有关事项的通知》（劳社部〔2005〕12号）规定，用人单位招用劳动者未订立书面合同，但同时具备下列情形的，劳动关系成立：① 用人单位和劳动者符合法律、法规规定的主体资格；② 用人单位依法制定的各项劳动规章制度适用于劳动者，劳动者受用人单位的劳动管理，从事用人单位安排的有报酬的劳动；③ 劳动者提供的劳动是用人单位业务的组成部分。劳动关系既具有法律上的平等性，又具有实现这种关系的隶属性。平等性是由劳动力市场等价交换原则决定的，表现在劳动者向用人单位提供劳动或服务，用人单位向劳动者支付劳动报酬，双方之间形成的是一种等价有偿的关系。但这种平等性只是体现在劳动关系建立的过程中，双方是否建立劳动关系及劳动关系的条件、内容可在平等自愿、协商一致的基础上确定。劳动关系建立后，劳动者与用人单位之间的平等关系即告结束。劳动者作为用人单位的职工必须服从用人单位的支配或指挥，必须遵守用人单位的各项规章制度，此时双方形成了管理与被管理、领导与被领导的关系，兼有人身关系和财产关系。

三、劳动关系的特征

用人单位招用劳动者为其成员，劳动者在用人单位的管理下提供有报酬的劳动而产生的权利与义务关系构成了劳动关系。劳动关系具有以下特征：

（1）劳动关系主体之间既有法律上的平等性，又有客观上的隶属性。劳动关系主体双方在法律面前享有平等的权利。同时，劳动者在实现劳动过程中理所当然地应当遵守用人单位的规章制度，服从用人单位的管理，双方形成领导与被领导的隶属关系。

（2）劳动关系产生于劳动过程之中。劳动者只有与用人单位提供的生产资料相结合，在劳动过程中才能与用人单位产生劳动关系，没有劳动过程便不可能形成劳动关系。

（3）劳动者与用人单位间的劳动关系具有排他性。劳动关系只能产生于劳动者与用人单位之间，劳动者与其他社会主体之间发生的社会关系不能称为劳动关系。同时，作为自然人的劳动者，一般只能与一个用人单位签订劳动合同、建立劳动关系。

（4）劳动关系的存在以劳动为目的。用人单位与劳动者建立劳动关系，是为了实现劳动过程，为社会生产或社会产品提供服务。

（5）劳动关系具有国家意志和当事人意志相结合的双重属性。

四、现阶段我国劳动关系的基本特征

现阶段我国劳动关系具有如下基本特征：

（1）劳动关系主体地位初步得到确立。非公有制企业的市场主体地位基本明确。国有企业在用人、分配等方面的自主权逐步扩大，已成为劳动关系的一方主体。劳动者拥有了较大的择业自主权，初步成为能够拥有并自主支配自身劳动力的独立主体。在劳动力市场中，劳动者与用人单位通过双向选择来建立劳动关系。劳动关系主体双方的地位和权益受到法律的保护。

（2）劳动关系格局初步呈现多元化。以公有制为主体、多种所有制经济共同发展的格局已经形成。与此相对应，我国的劳动关系也呈现出多样化、复杂化。各种所有制经济的劳动关系相互交错，处在不断变化的过程中。

（3）劳动关系的建立初步实现契约化。随着劳动制度改革的不断深化，在企业用人制度方面，劳动合同制度替代固定工制度，劳动关系逐步由过去的行政隶属关系向契约关系转变。

（4）劳动关系的运行初步实现市场化。劳动就业逐渐从过去的统包统配转向就业市场化和失业公开化。劳动关系的变更与终止逐渐从过去的行政管理方式转向市场调节方式。劳动关系主体的权利与义务主要由主体双方按照市场规则自行决定。市场机制对劳动力资源的基础调节作用开始得到发挥。

五、我国企业劳动关系建设存在的问题

自古以来，中国就是一个重视伦理的国家，在不同的历史时期都有自身独特的伦理体系，如"君子爱财，取之有道""利在义中"等。改革开放以来，部分企业存在市场欺诈行为、员工选拔培训制度不完善、劳动争议数量攀升、生态责任意识淡薄等一系列劳动伦理问题。这些问题的存在严重制约了企业的发展。

（一）诚信缺失

1. 市场欺诈行为

市场欺诈行为是指企业经营者利用不准确的或者虚假的信息或者价格手段，欺骗、误导其他经营者或者消费者进行某种选择的行为。常见的欺诈行为包括：对内，虚开发票金额，篡改岗位标准和责任目标数据，减少员工应得工资，等等；对外，非正常贷款和融资，提供产品虚假报价，忽视产品质量检验，等等。欺诈

行为者导致其他经营者或者消费者个人利益受损，而且破坏了正常的竞争秩序，违背了公平、公正的市场交易原则，使资源无法得到优化配置，造成经济秩序的紊乱。

2. 生产假冒伪劣产品

生产假冒伪劣产品是指企业采用不真实的商标、产品名称及不合格的产品质量等使得消费者误以为购买的是正版的、质量合格的产品。企业生产的假冒伪劣产品既包括材料、设备等有形资产，也包括信息、品牌、知识产权等无形资产。为了吸引更多的消费者，还有一些企业过分夸大产品的使用功能和使用寿命，使消费者在不知情的情况下利益受损。企业生产的假冒伪劣产品不仅使得其他企业和消费者利益受损，甚至还会危及消费者的生命健康。

3. 贪污腐败现象

贪污腐败现象是指企业员工利用工作上的便利，窃取、侵占、骗取或者以其他非法手段占有企业公共财产以获取更多的经济利益，如违反企业正常的人事任免制度和选才标准，根据个人喜好安排相关岗位人员，任人唯亲；抓住企业运营上的一些漏洞将部分集体财产转变为私人财产；等等。贪污腐败现象严重地影响了企业的日常运营，破坏了企业的人才结构，削弱了企业的竞争力，使得企业的根本利益受到损失。

（二）员工选拔培训制度不完善

企业员工选拔培训既包括企业招聘合格的岗位人员，也包括企业为了开展某些业务或者培养人才的需要，采用各种方式组织现有员工进行有计划的培训，以增强他们的专业技能或管理能力的活动。很多企业的员工培训制度存在不公平的歧视现象，即认为高学历、高职称、高业绩的属于精英人才，值得加以培训；而其他员工只是普通人力，不需要占用培训资源。企业员工选拔即招聘活动中存在着"关系户""任人唯亲""用工歧视"的现象。

（三）劳动争议数量居高不下

我国企业劳动关系中存在的主要问题表现在劳动争议数量和人数逐年攀升及集体劳动合同管理不完善等。虽然我国采取了一系列措施力图更好地解决劳动争议，但是现实中困难重重，问题依然十分严重，必须引起高度重视。只有真正做到在劳动活动中公平正义，协调好劳动关系，才有可能从根源上解决矛盾。

（四）生态责任意识淡漠

众多企业在生产经营活动中，缺乏伦理道德意识，只注重眼前的经济利益，而不考虑对环境产生的负面影响，如把稀缺的资源用于低效的生产、排放大量废弃物、污染河流水源等，对周边的大环境造成了严重的破坏，也使得企业员工的工作环境和日常生活环境受到影响，生产积极性也有所削弱。

企业在生产经营过程中要重视自身活动对周边环境产生的影响，并且有责任和义务采取相应的对策或措施来减少这种影响造成的危害，在享有利用和处理社会共有自然资源权利的同时，必须承担起应有的生态责任。

 名人名言

劳动是整个人类生活的第一个基本条件，而且达到这样的程度，以致我们在某种意义上不得不说：劳动创造了人本身。

——恩格斯

第三节 构建和谐劳动关系

劳动关系是生产关系的重要组成部分，是最基本、最重要的社会关系之一。和谐劳动关系是指劳动关系双方之间一种和谐融洽的良好状态。劳动关系事关广大职工和企业的切身利益，事关经济发展与社会和谐。党和国家历来高度重视构建和谐劳动关系，制定了一系列法律法规和政策措施并做了工作部署，取得了积极成效，总体保持了全国劳动关系和谐稳定。但是，我国正处于经济社会转型时期，劳动关系的主体及其利益诉求越来越多元化，劳动关系矛盾已进入凸显期和多发期，劳动争议案件居高不下，有的地方拖欠职工工资等损害职工利益的现象仍较突出，集体停工和群体性事件时有发生，构建和谐劳动关系的任务艰巨繁重，需要政府、工会、企业、劳动者共同参与、携手努力。

党的十八大明确提出构建和谐劳动关系。在新的历史条件下，努力构建中国特色和谐劳动关系，是加强和创新社会管理、保障和改善民生的重要内容，是建设社会主义和谐社会的重要基础，是经济持续健康发展的重要保证。

一、和谐劳动关系的特征

（一）和谐劳动关系应当是合同型的

《中华人民共和国劳动法》规定，建立劳动关系应当订立劳动合同。劳动合同一经双方签订，即确立了劳动者与用人单位之间的劳动法律关系。双方之间的有关劳动的权利与义务通过书面形式被确定下来，从而规范和约束劳动关系双方的行为。任何一方违约侵害另一方权益的，都要承担经济或法律责任。建立和谐劳动关系，必须全面实行劳动合同制度，加强劳动合同管理，不断加强劳动关系双方的合同意识，依法签订并严格履行劳动合同，充分发挥劳动合同在调整劳动关系中的积极作用。

（二）和谐劳动关系应当是法制型的

市场经济是法制经济。法律是调整劳动关系的基本手段，是规范人们行为的规则。在市场经济条件下，劳动关系在构成、运行、处理等方面应当实现法制化，法律原则、法律方式应当成为调整劳动关系的主要模式。我国已经颁布了一系列劳动法律法规，建立了调整劳动关系各个方面的法律规范，在劳动关系运行的各个环节上基本做到了有法可依。这是建立和谐劳动关系的基本依据和保障。

（三）和谐劳动关系应当是民主型的

民主化的劳动关系主要包括：

1. 劳动关系三方协商机制

各级人民政府劳动行政部门应当会同同级工会和企业方面代表建立劳动关系三方协商机制，共同研究解决劳动关系方面的重大问题，共同参与劳动法律、法规、政策的制定与实施。

2. 平等协商和集体合同制度

平等协商和集体合同制度是市场经济国家调整劳动关系的最基本法律制度，也是工会从整体上维护职工合法权益的基本手段。对涉及职工劳动权益的问题，如工资、工时、劳动保护、社会保险、生活福利等，工会代表职工与用人单位进行平等协商，签订集体合同，规范劳动关系双方的行为，体现了劳动关系的共同决定权，改变了劳动关系事务的处理由用人单位一方独占的局面，从而提升了劳动者在劳动关系中的地位。

3. 职工民主管理制度

职工民主管理是指职工依法直接或间接参与管理所在单位内部事务。其在协调劳动关系中的作用，主要表现为职工意志对用人单位意志的影响和制约，用人单位意志对职工意志的吸收和体现，从而使劳动关系建立在民主的基础上。我国民主管理的基本形式是职工代表大会（简称"职代会"）。国家应当加强职代会制度建设，依法落实职代会职权，使职代会成为调整劳动关系的重要机制。

（四）和谐劳动关系应当是救助型的

劳动关系双方由于价值取向的差异和看问题角度的不同，产生一些矛盾难以避免，关键是看有没有一套解决矛盾和化解冲突的有效机制。我们既要正视矛盾，又要努力地解决矛盾。劳动争议就是劳动关系矛盾的表现。劳动争议的一个重要特点，就是其影响范围比较大。看似简单的劳动争议，如果处理不好，就可能引发群体性事件，影响社会稳定。

二、和谐劳动关系建立的基础

（一）劳动合同是基石

劳动合同是雇主和雇员之间建立劳动关系、明确各自权利和义务、约定个性劳动条件的合同。劳动合同的法律意义主要有以下三点：第一，它是劳动者与用人单位之间建立劳动关系的标志，是劳动关系成立的法律要件。第二，能够明确劳动者与用人单位之间的权利与义务关系，在履行合同时有依据。第三，在劳动者与用人单位之间发生劳动争议时有据可查，便于分清责任，依法维护当事人的合法权益。由此可见，劳动合同是协调就业关系的基础，是劳动资源合理配置的重要手段，是维护和谐劳动关系的纽带。书面签订劳动合同、明确双方的权利与义务并积极作为，可减少劳动纠纷的发生。

（二）提高劳动者素质是关键

政府要从劳务输出地抓起，杜绝盲目打工者，把劳动者源头管理列入议事日程。用人单位要对劳动者进行培训，引导其学习基本法律常识，加强懂法、守法意识。对技能的培训，要有针对性。在劳务输入地，加强上岗前的培训，尤其是劳动安全保护、操作技术的规范性方面的培训，提高劳动者的劳动技能，减少劳动事故的发生。

（三）加大监督力度是保障

首先，加强法律监督。《中华人民共和国劳动合同法》为完善劳动合同制度、明确劳动合同当事人的权利与义务、保护劳动者合法权益提供了法律保障。只有严格监督其实施，发现问题后及时采取相应的措施，把劳动纠纷、劳动争议解决在萌芽状态，做到有法可依，执法必严，监督、检查到位，才能为构建和谐劳动关系扫清障碍。

其次，加强工会监督。督促用人单位建立工会组织是民主监督的重要举措。加强工会组织的建设，让工会充分发挥职能和作用，成为劳动者与用人单位双方信赖的桥梁，才能创造一个和谐劳动关系的氛围。另外，每个劳动者都应加强法律意识，运用法律这一维权武器来维护自身的合法权益，以促进劳动关系的和谐。

三、构建和谐劳动关系意义重大

劳动关系是最基本的社会关系之一。劳动关系是现代经济社会中一种最重要、最基本的经济关系。改革开放四十多年来，伴随着经济体制和经济结构的变化，我国的劳动关系状况在不同历史阶段展现出了不同的特点，总体上呈现出从"资本抑制"到"劳动抑制"演变的趋势，出现了"强资弱劳"现象。近年来，劳动争议案件和集体上访事件数量攀升，劳动关系冲突加剧，劳动关系矛盾主体由国有部门向非国有部门转化，劳动者维权意识增强，国内和国际社会对企业社会责任的期待也不断提高。同时，数字经济在改变劳动方式和劳动过程的同时，也引发了传统劳动关系的变化。构建和谐劳动关系关乎人民幸福生活，关乎社会和谐稳定，关乎国家长治久安。

（一）关乎人民幸福生活

在新的历史条件下，努力构建和谐劳动关系，是加强和创新社会管理、保障和改善民生的重要内容。劳动关系事关职工切身利益。没有规范、和谐的劳动关系，就没有稳定、体面的就业，也就难以实现民生的根本改善。构建和谐劳动关系，加快形成企业和职工利益共享机制，有利于不断提高职工特别是一线职工的劳动报酬，使劳动者更好地分享企业发展成效、共享经济社会发展成果，从根本上提升劳动者的就业质量。加强劳动保护，健全劳动保障监察和劳动争议调解仲裁体系，有利于切实解决矛盾，最大限度地实现好、维护好、发展好广大人民群众的权益。只有构建和谐的劳动关系，维护好广大劳动者的经济、政治、文化、社会权益，才能最大限度地调动他们的劳动积极性，激发他们的工作热情，让他们依靠自己的努力提高生活水平，推动社会健康有序发展。

习近平总书记要求："各级党委和政府要进一步提高认识、强化责任，把构建和谐劳动关系作为一项重要而紧迫的政治任务抓实抓好。"正是因为党中央高度重视，劳动关系制度才能不断完善，社会关注度才得以提高，构建和谐劳动关系的春天才能为期不远，人民期待的美好生活才会梦想成真。

（二）关乎社会和谐稳定

努力构建和谐劳动关系，是建设社会主义和谐社会的重要基础。社会和谐是中国特色社会主义的本质属性，是人类孜孜以求的一种美好愿景，社会和谐的本质在于人的和谐。人作为各种社会关系的总和，为了实现人的和谐，就务必确保各种社会关系的和谐。劳动关系作为一种最基本的社会关系，其和谐与否是衡量社会和谐与否的风向标，其具体状态是体现社会状态的晴雨表。因此，习近平总书记强调，"要最大限度增加和谐因素、最大限度减少不和谐因素，构建和发展和谐劳动关系，促进社会和谐"。只有构建和谐劳动关系，努力破解劳动关系发展中一些源头性、基础性、根本性难题，逐步扫除制约劳动关系和谐稳定的体制性障碍，尽快解决社会普遍关注、劳动群众反应强烈的突出问题，才能打造通往和谐社会的康庄大道。

（三）关乎国家长治久安

构建和谐劳动关系关乎国家的长治久安，主要表现在两个方面。

其一，构建和谐劳动关系是增强党的执政基础、巩固党的执政地位的必然要求。劳动关系事关用人单位和广大劳动群体。企业作为工人阶级最为集中的地方，汇聚着党的阶级基础之源。在和谐的劳动关系中，劳动群众容易在情感转移中感激和拥护党，强化他们对党的执政能力的认可和对党践行宗旨意识的肯定。反之，若劳动群众与企业之间的矛盾冲突无法和解，劳动群众则会找相关的党政部门讨要说法和公理。党政部门要推动企业自觉构建和谐劳动关系，企业在保障自身顺利经营的同时，也要切实保障广大职工合法权益。只有这样，才能把各方面的力量凝聚起来，巩固党的群众基础和强化党的执政地位。

其二，构建和谐劳动关系是坚持中国特色社会主义道路、贯彻中国特色社会主义理论体系、完善中国特色社会主义制度的重要组成部分。历史和实践已经充分证明，只有中国特色社会主义道路而没有别的道路，能够引领中国进步、实现人民福祉。中国特色社会主义道路既坚持以经济建设为中心，又统筹推进经济、政治、文化、社会、生态文明建设，而构建和谐劳动关系是推进"五位一体"建设的题中之意。构建和谐劳动关系，事关用人单位和广大职工的切身利益，事关经济发展与社会和谐，事关我国进一步深化改革。

四、构建和谐劳动关系的路径

（一）依法保障职工基本权益

1. 切实保障职工取得劳动报酬的权利

切实保障职工取得劳动报酬的权利表现在：完善并落实工资支付规定，健全工资支付监控、工资保证金和欠薪应急周转金制度，探索建立欠薪保障金制度，落实清偿欠薪的施工总承包企业负责制，依法惩处拒不支付劳动报酬等违法犯罪行为，保障职工按时足额领到工资报酬。

2. 切实保障职工休息休假的权利

切实保障职工休息休假的权利表现在：完善并落实国家关于职工工作时间、全国年节及纪念日假期、带薪年休假等规定，规范企业实行特殊工时制度的审批管理，督促企业依法安排职工休息休假；企业因生产经营需要安排职工延长工作时间的，应与工会和职工协商，并依法足额支付加班加点工资；加强劳动定额定员标准化工作，推动劳动定额定员国家标准、行业标准的制定与修订，指导企业制定实施科学合理的劳动定额定员标准，保障职工的休息权利。

3. 切实保障职工获得劳动安全卫生保护的权利

切实保障职工获得劳动安全卫生保护的权利表现在：加强劳动安全卫生执法监督，督促企业健全并落实劳动安全卫生责任制，严格执行国家劳动安全卫生保护标准，加大安全生产投入，强化安全生产和职业卫生教育培训，提供符合国家规定的劳动安全卫生条件和劳动保护用品，对从事有职业危害作业的职工按照国家规定进行上岗前、在岗期间和离岗时的职业健康检查，加强女职工和未成年工特殊劳动保护，最大限度地减少生产事故和职业病危害。

4. 切实保障职工享受社会保险和接受职业技能培训的权利

切实保障职工享受社会保险和接受职业技能培训的权利表现在：认真贯彻实施社会保险法，继续完善社会保险关系转移接续办法，努力实现社会保险全面覆盖，落实广大职工特别是农民工和劳务派遣工的社会保险权益；督促企业依法为职工缴纳各项社会保险费，鼓励有条件的企业按照法律法规和有关规定为职工建立补充保险；引导职工自觉履行法定义务，积极参加社会保险；加强对职工的职业技能培训，鼓励职工参加学历教育和继续教育，提高职工文化知识水平和技能水平。

（二）健全劳动关系协调机制

1. 全面实行劳动合同制度

全面实行劳动合同制度表现在：贯彻落实好劳动合同法等法律法规，加强对企业实行劳动合同制度的监督、指导和服务，在用工季节性强、职工流动性大的行业推广简易劳动合同示范文本，依法规范劳动合同订立、履行、变更、解除、终止等行为，切实提高劳动合同签订率和履行质量；依法加强对劳务派遣的监管，规范非全日制、劳务承揽、劳务外包用工和企业裁员行为；指导企业建立健全劳动规章制度，提升劳动用工管理水平；全面推进劳动用工信息申报备案制度建设，加强对企业劳动用工的动态管理。

2. 推行集体协商和集体合同制度

推行集体协商和集体合同制度表现在：以非公有制企业为重点对象，依法推进工资集体协商，不断扩大覆盖面、增强实效性，形成反映人力资源市场供求关系和企业经济效益的工资决定机制和正常增长机制；完善工资指导线制度，加快建立统一规范的企业薪酬调查和信息发布制度，为开展工资集体协商提供参考；推动企业与职工就工作条件、劳动定额、女职工特殊保护等开展集体协商，订立集体合同；加强集体协商代表能力建设，提高协商水平；加强对集体协商过程的指导，督促企业和职工认真履行集体合同。

3. 健全协调劳动关系三方机制

健全协调劳动关系三方机制表现在：完善协调劳动关系三方机制组织体系，建立健全由人力资源社会保障部门会同工会和企业联合会、工商业联合会等企业代表组织组成的三方机制，根据实际需要推动工业园区、乡镇（街道）和产业系统建立三方机制；加强和创新三方机制组织建设，建立健全协调劳动关系三方委员会，由同级政府领导担任委员会主任；完善三方机制职能，健全工作制度，充分发挥政府、工会和企业代表组织共同研究解决有关劳动关系重大问题的重要作用。

（三）营造构建和谐劳动关系的良好环境

1. 加强对职工的教育引导

加强对职工的教育引导表现在：在广大职工中加强思想政治教育，引导职工树立正确的世界观、人生观、价值观，追求高尚的职业理想，培养良好的职业道德，增强责任感、认同感和归属感，爱岗敬业、遵守纪律、诚实守信，自觉履行劳动义务；加强有关法律法规政策宣传工作，在努力解决职工切身利益问题的同时，引导职工正确对待社会利益关系调整，合理确定提高工资收入等诉求预期，以理性合法形式表达利益诉求、解决利益矛盾、维护自身权益。

2. 加强对职工的人文关怀

加强对职工的人文关怀表现在：培育富有特色的企业精神和健康向上的企业文化，为职工构建共同的精神家园；注重职工的精神需求和心理健康，及时了解掌握职工思想动态，有针对性地做好思想引导和心理疏导工作，建立心理危机干预预警机制；加强文体娱乐设施建设，积极组织职工开展喜闻乐见、丰富多彩的文化体育活动，丰富职工文化生活；拓宽职工的发展渠道，拓展职业发展空间。

3. 教育引导企业经营者积极履行社会责任

教育引导企业经营者积极履行社会责任表现在：加强广大企业经营者的思想政治教育，引导其践行社会主义核心价值观，牢固树立爱国、敬业、诚信、守法、奉献精神，切实承担报效国家、服务社会、造福职工的社会责任；教育引导企业经营者自觉关心爱护职工，努力改善职工的工作、学习和生活条件，帮助他们排忧解难，加大对困难职工的帮扶力度；建立符合我国国情的企业社会责任标准体系和评价体系，营造鼓励企业履行社会责任的环境；加强对企业经营者尤其是中小企业经营管理人员的劳动保障法律法规教育培训，加强他们的依法用工意识，引导他们自觉保障职工合法权益。

4. 优化企业发展环境

优化企业发展环境表现在：加强和改进政府的管理服务，减少和规范涉企行政审批事项，提高审批事项的工作效率，激发市场主体创造活力；加大对中小企业政策扶持力度，特别是推进扶持小微企业发展的各项政策落实落地，进一步减轻企业负担；加强技术支持，引导企业主动转型升级，紧紧依靠科技进步、职工素质提升和管理创新，不断增强竞争力；通过促进企业发展，为构建和谐劳动关系创造物质条件。

5. 加强构建和谐劳动关系的法治保障

加强构建和谐劳动关系的法治保障表现在：进一步完善劳动法、劳动合同法、劳动争议调解仲裁法、社会保险法、职业病防治法等法律的配套法规、规章和政策，加快完善基本劳动标准、集体协商和集体合同、企业工资、劳动保障监察、企业民主管理、协调劳动关系三方机制等方面的制度，逐步健全劳动保障法律法规体系；深入开展法律法规宣传教育，加强行政执法和法律监督，促进各项劳动保障法律法规贯彻实施。

五、着力化解劳动关系纠纷

习近平总书记从全局审视，认为当前我国劳动关系总体和谐稳定。同时随着工业化、信息化、城镇化、市场化、国际化的深入发展，我国劳动关系领域也出现一些新情况、新问题，务必高度重视。立足国情，我国正处在经济体制转轨和社会转型时期，经济关系、劳动关系多元化和复杂化，劳动关系领域的蜕变仍在路上，矛盾总体平稳可控，但不可否认的是，在局部地区、部分行业和领域及一些特殊敏感时期，包括群体性纠纷、个体性问题在内的各种劳动关系矛盾仍呈现易发、多发、高发态势，在劳动就业、收入分配、社会保障、劳动环境、安全卫生等领域的权益受到侵犯、迫害的现象屡有发生。习近平总书记要求采取有力措施引导劳动关系朝着规范有序、公正合理、互利共赢、和谐稳定的方向健康发展，为有效应对劳动关系领域的新情况、新问题指明了方向、提供了方法。

（一）正确看待劳动关系存在的矛盾与冲突

我国处于经济社会转型时期，劳动关系的主体及其利益诉求越来越多元化，劳动关系矛盾已进入凸显期和多发期，劳动争议案件居高不下，有的地方拖欠农民工工资等损害职工利益的现象仍较突出，集体停工和群体性事件时有发生，构建和谐劳动关系的任务艰巨繁重。从现阶段看，我国只有直面劳动关系的矛盾与冲突，才能对症下药，寻得药到病除的良方。当前的劳动关系矛盾与冲突主要表现为三个方面。

首先，职工与企业之间个体性劳动争议仍是劳动关系矛盾的主体，且主要集中在劳动密集型企业和非公经济领域。引起劳动争议的原因各异，主要是企业在转制、破产、兼并、重组的过程中，未能协调好、分流好、安置好、维护好职工的合法权益，欠薪、扣薪、拖薪等问题给职工造成生活方面的困顿。

其次，利益与权利之争相互交织，职工群众对民主和社会权利的诉求开始显露并有所抬头，但劳动经济权益仍是劳动关系双方争议的焦点。部分劳动争议尤其是群体性劳动争议，往往涉及多方面的原因，牵涉不同的部门和单位，引起相关联的连锁反应。特别是对破产企业职工的经济性补偿问题，或其他相关问题，职工往往会互相比照，导致部分待遇和赔偿水涨船高，超过企业所能承受的范围，进而导致问题长期得不到解决。

再次，职工群体性纠纷出现组织化、连锁化、信息化日益增强的趋势，以集体停工、封堵厂门、堵塞交通等为主要表现形式的非理性抗争行为时有发生。随着改革的深入及互联网的风靡，当前群体性争议呈现出"规模范围扩大化，问题处置复杂化，内部矛盾社会化，经济问题政治化"的新特点。有的职工特意选择重大节日或有领导出席的政治性活动时上访闹事，政治色彩浓厚。有些对立情绪若没有及时缓和，极易恶化成对抗性冲突，造成不良的社会影响。

(二)理性省思劳动关系矛盾与冲突的成因

当前,劳动关系矛盾冲突的主要成因需要从两个方面进行剖析。

一方面,从以企业为代表的劳动力使用方来看。市场经济体制的不完善、法律监管的不健全,加之劳动关系的市场化、契约化、复杂化,导致了职工合法权益受侵犯的空间增大、矛盾因素增多、客观条件增加,具体表现在政策失当、操作失范、领导失职、调处失策等方面。另一方面,从以劳动者为代表的劳动力供给方来看。由于企业改革、行业调整等原因,广大劳动者作为利益代表方之一,不可避免地会受到影响。在劳动关系矛盾中,除去部分投机倒把的人,大部分劳动者往往都处于弱势和劣势。由于受到各方面的压力,他们不得不采取投诉、上访、罢工、向媒体求助的方式和措施来护卫自身权益。

(三)科学预判劳动关系矛盾与冲突的态势

习近平总书记指出:"当前和今后一个时期,要着重抓好进一步完善劳动法律法规并保障其实施、合理调节企业工资收入分配、加强企业民主管理建设、努力化解劳动关系矛盾、加强企业党组织建设、支持和促进企业健康发展等工作,以构建和谐劳动关系的新进步更好地推动科学发展、促进社会和谐。"这实际上是对当前劳动关系问题开出的药方,也是对未来潜在问题的预防。立足新时代大背景,社会主义市场经济体制的完善仍会是一项不易工程,全面推进改革也是一个长期的任务。各企业的改制重组也将会继续进行,在这样的潮流涌动下,根据当前的劳动关系矛盾与冲突现状,问题不但不会消逝,而且可能呈现出如下几种发展态势。

其一,劳动关系矛盾将更为多元和尖锐。随着改革进入攻坚期和深水区,各种深层次的矛盾将会被触发和显露,而与之相关的经济关系也会被迫变化,带来经济主体的多元化,衍生出更为繁杂的劳动关系,这实质上从基数上加大了矛盾冲突生发的可能性。随着开放的推进,我国国际化进程在一定程度上也会影响劳动关系秩序。从世界范围来看,新一轮科技和产业革命正孕育兴起,全球价值链深度重塑,国际分工体系加速演变,而世界经济复苏势头仍然脆弱,全球贸易和投资低迷,大宗商品价格持续波动,引发国际金融危机的深层次矛盾远未解决。一些国家政策内顾倾向加重,保护主义抬头,"逆全球化"思潮暗流涌动,致使劳动关系矛盾呈现出错综复杂的局面。

其二,劳动关系冲突可能被激化。随着当前社会主要矛盾的转变,人们对美好生活的要求越来越高,需求的多样化将难以得到满足。尤其是职工多且杂的企业内部,将会派生出不同诉求的利益群体,诸如经营者群体、管理者群体、知识分子群体、一般职工群体和弱势群体。他们可能会因不同的价值取向、利益分配、发展前景而互相攀比,导致企业难以平衡,进而让劳动争议出现频发趋势。这些冲突和矛盾尽管不具有对抗性,但也有不可低估的副作用,若得不到及时、合理的处置,将成为影响社会稳定的隐形炸弹。

其三,劳动力供求矛盾将持续升级。在市场这双无形之手的指挥下,劳动力资源的配置并没有实现最优化,而是出现了供大于求的矛盾,劳动力市场也就难以实现规范有序了。只有让政府宏观调控这双有形的手来规范劳动力市场,监督和规范企业行为,才能有效化解和规避现存的问题。

延伸阅读

杨某有固定工作,之后同时又被某公司聘为销售人员。受聘后,该公司按照底薪加提成的方式计算了杨某的销售提成,由该公司法定代表人以现金方式支付。该公司未将杨某列为公司职工,也未为其缴纳社会保险。杨某起诉请求确认其与该公司为非全日制劳动合同关系。法院审理后认为非全日制用工是劳动者每日工作时间不超过四小时,每周工作时间累积不超过二十四小时的特殊劳动关系。这种特殊的劳动关系也应具有劳动关系的最基本特征,即劳动者与用人单位之间存在接受管理、指挥、监督的从属关系。在本案中,杨某虽为公司推销产品,但是工作时间由杨某自行安排,不受公司限制,且杨某另有固定工作。除按照业务量计算报酬外,公司对杨某没有其他的管理内容,双方只是平等主体之间的合同关系,不能按照劳动关系处理。

拓展活动

如何区分劳动关系和劳务关系?

名人名言

广大的青年群众也都懂得,祖国的美好将来和人民幸福的生活,只能靠艰苦的劳动来创造,他们生机勃勃地为新社会的建设而努力劳动。

——朱德

第三章

劳动合同与劳动争议处理

导 语

随着市场经济的深刻变革,影响劳动关系的社会经济因素呈现越来越广泛和复杂的态势。近年来劳动争议案件数量大幅度上升,严重影响企业的发展和社会和谐。签订劳动合同是证明劳动关系的最有利证据,也是对用人单位和劳动者之间权利与义务的最好规范。签订劳动合同可以减少和防止劳动争议的发生,对维护劳动者和用人单位的合法权益起到很大作用,所以我们千万不要忽略日常工作中签订劳动合同的重要性和必要性。

第一节 劳动合同

一、劳动合同的类型

劳动合同是用人单位与劳动者确立劳动关系,明确双方权利与义务的协议。《中华人民共和国劳动法》明确规定劳动者与用人单位必须签订劳动合同。如果用人单位没有及时与劳动者签订劳动合同,则属于违反劳动法的行为,当发生劳务纠纷时将被追究相关法律责任。

根据《中华人民共和国劳动合同法》第十二条规定,劳动合同分为"固定期限劳动合同""无固定期限劳动合同""以完成一定工作任务为期限的劳动合同"

三种类型。

（一）固定期限劳动合同

固定期限劳动合同，是指用人单位与劳动者明确约定合同终止时间的劳动合同。用人单位与劳动者协商一致，可以订立固定期限劳动合同。无论约定形式如何，只要劳动者和用人单位在合同中直接或间接地确定了合同的终止时间，该合同就是固定期限劳动合同。固定期限劳动合同一般没有最长期限的限定，并且可以依法延续和续订。

（二）无固定期限劳动合同

无固定期限劳动合同，是指用人单位与劳动者约定无确定终止时间的劳动合同。除非劳动合同被依法解除，劳动关系可以持续到劳动者退休或用人单位不复存在之时。

用人单位与劳动者协商一致，可以订立无固定期限劳动合同。有下列情形之一，劳动者提出或者同意续订、订立劳动合同的，除劳动者提出订立固定期限劳动合同外，应当订立无固定期限劳动合同：

（1）劳动者在该用人单位连续工作满十年的；

（2）用人单位初次实行劳动合同制度或者国有企业改制重新订立劳动合同时，劳动者在该用人单位连续工作满十年且距法定退休年龄不足十年的；

（3）连续订立二次固定期限劳动合同，且劳动者没有《中华人民共和国劳动合同法》第三十九条和第四十条第一项、第二项规定的情形，续订劳动合同的。

用人单位自用工之日起满一年不与劳动者订立书面劳动合同的，视为用人单位与劳动者已订立无固定期限劳动合同。

无固定期限劳动合同的存在，极大地增强了劳动者的就业稳定性，是劳动法对劳动者倾斜保护的一个重要标志，但同时也使用人单位在用工管理过程中的主动性大大削弱。在实践中，如果用人单位与劳动者在合同中没有明确约定劳动合同期限，从《中华人民共和国劳动合同法》的第十四条规定"无固定期限劳动合同，是指用人单位与劳动者约定无确定终止时间的劳动合同"可以看出，虽然无固定期限劳动合同没有明确合同终止期限，但关于期限的内容必经用人单位与劳动者双方达成一致，形成约定，无固定期限劳动合同才可成立，期限没有约定的劳动合同不能被等同视为订立无固定期限劳动合同。

（三）以完成一定工作任务为期限的劳动合同

以完成一定工作任务为期限的劳动合同，是指没有固定期限，用人单位与劳动者约定以某项工作的完成为合同期限的劳动合同。用人单位与劳动者协商一致，可以订立以完成一定工作任务为期限的劳动合同。

单项劳动合同强调工作任务的完成性。劳动合同中会对工作任务及完成标准进行明确具体的约定，要求劳动者完成的工作任务达到与用人单位所约定的验收合格的标准。这类合同具有较强的灵活性，能够合理地调整用人单位的用工结构，还能根据工作任务的性质安排劳动者，在实践中常见于单项工作任务、承包工程业务、季节性用工等非重复性、非连贯性用工领域，而不太适用于要求保持连续性、稳定性的用工领域。

（四）劳动合同的其他分类标准

按照劳动合同的期限的不同，劳动合同可以分为固定期限劳动合同、无固定期限劳动合同和单项劳动合同。按照订立劳动合同的目的的不同，劳动合同可以分为聘用合同、录用合同和借调合同。按照签订劳动合同的人数的不同，劳动合同可以分为单个劳动合同和集体劳动合同。

案例分析

某砖厂与王某签订了《承包顶车协议书》，王某带领10多个工人在该砖厂干活。这些工人的工资均由王某从该砖厂财务领出再发放。2014年3月15日，陈某经介绍到了该砖厂从事拉窑车和装板砖的工作。陈某工作时间由王某通知，月工资为3 500元，工资由王某发放。2014年4月18日早上6时多，陈某在开窑车时，被窑车和板砖夹伤。事后，陈某向钦州市某区劳动人事争议仲裁委员会申请确认与该砖厂存在劳动关系。钦州市某区劳动人事争议仲裁委员会于2014年9月10日作出仲裁裁决书，认定双方之间存在事实劳动关系。该砖厂不服，向法院提起诉讼，要求确认双方不存在劳动关系。

以完成一定工作任务为期限的劳动合同，是指用人单位与劳动者约定以某项工作的完成为合同期限的单项劳动合同。原告、被告之间虽没有签订劳动合同，但原告、被告符合法律、法规规定的主体资格。原告有业务发生时，招用被告从事其安排的有报酬的劳动，被告的工作、工作时间受到原告管理人员的管理，故原告对被告的用工行为，符合《关于确立劳动关系有关事项的通知》（劳社部发

〔2015〕12号）第1条"用人单位招用劳动者未订立书面劳动合同，但同时具备下列情形的，劳动关系成立"中有关劳动关系成立具备的情形。原告诉称要求确认原告、被告之间不存在劳动关系的主张不能成立。

二、劳动合同的形式

劳动合同有书面和口头两种形式。根据《中华人民共和国劳动法》（中华人民共和国主席令〔2018〕24号）第十九条的规定，劳动合同应当以书面形式订立。《中华人民共和国劳动合同法》第十条规定，建立劳动关系，应当订立书面劳动合同；第六十九条同时规定，非全日制用工双方当事人可以订立口头协议。由此可见，我国劳动合同书面形式是原则，口头形式是例外。

在我国，立法尽管一直要求劳动合同应当采用书面形式，但并没有将有效的书面劳动合同作为劳动关系的成立要件。《关于贯彻执行〈中华人民共和国劳动法〉若干问题的意见》（劳部发〔1995〕309号）第十七条将没有书面劳动合同依据的劳动关系称为事实劳动关系。《中华人民共和国劳动合同法》虽然没有继续规定事实劳动关系这一概念，但是该法第七条明确规定，"用人单位自用工之日起即与劳动者建立劳动关系"。"用工"是劳动关系建立的实质标志。也就是说，用人单位与劳动者之间只要存在用工行为，符合劳动关系建立的主体标准和从属性标准，即使没有签订劳动合同或者劳动合同无效，也已经建立起劳动关系。而用人单位与劳动者建立劳动关系，同样受劳动法调整，产生劳动法律关系，互相享有权利、承担义务。由此可见，书面劳动合同并不是劳动关系的成立要件或生效要件，仅在劳动关系的建立过程中作为证明劳动关系存在的形式标志，具有证据效力。

延伸阅读

电子合同

2020年，劳动合同进入"无纸化"时代。北京在全国率先推进电子劳动合同。11月，北京市人社局公开发布《关于推进电子劳动合同相关工作的实施意见》（京人社劳发〔2020〕28号），标志着延续30多年的纸质劳动合同将逐步进入电子化新时代。电子劳动合同与纸质劳动合同具有同等法律效力。

三、劳动合同订立的原则

《中华人民共和国劳动合同法》第三条规定,订立劳动合同应当遵守如下原则。

(一)合法原则

劳动合同必须依法以书面形式订立。做到主体合法、内容合法、形式合法、程序合法。只有合法的劳动合同才能产生相应的法律效力。任何一方面不合法的劳动合同,都是无效合同,不受法律承认和保护。

(二)公平原则

公平原则是指用人单位和劳动者订立劳动合同时遵循公平原则,确定双方的权利与义务。所谓公平原则,实际上体现了一种社会道德的观念,体现了人们对事物判断的正义、无偏私。公平原则的法律意义在于当法律没有明确规定时,适用公平原则可以作为重要的补充。公平原则要求双方当事人权利与义务的一致性;要求以公正、正义的理念指导其行为,处理争议;要求适用法律的适当、合理。

(三)平等自愿原则

平等,是指用人单位和劳动者双方在订立劳动合同时具有相同的法律地位,一方不能将自己的意志强加给另一方。双方不存在一方命令一方服从的关系。自愿,是指在订立劳动合同时,用人单位和劳动者选择对方当事人、决定劳动合同内容都是真实意思表示,当事人表示于外部的意思与其内心的真实想法一致,不受任何单位和个人的非法干预。就平等与自愿二者关系而言,平等是自愿的前提,没有平等就不会有真正的自愿;自愿是对平等的认可,两者的关系又是密不可分的。只有在自愿平等的原则下建立的劳动关系,才能真正实现劳动关系的和谐稳定。

(四)协商一致原则

协商一致,是指订立劳动合同的双方当事人经过协商达成一致意见。协商是过程,一致是结果。劳动合同的订立是在双方当事人对合同条款进行充分讨论、磋商,最后达成一致意见的基础上形成的。只有在双方当事人协商一致下签约,才能真正体现当事人的意愿,才能保证当事人自觉履行劳动合同。

（五）诚实信用原则

诚实信用，是市场经济活动中形成的道德规则。诚实信用要求市场主体在市场活动中讲究信用，恪守诺言，诚实不欺，在不损害他人利益和社会利益的前提下追求自己的利益。将诚实信用原则引入法律，是对毫无限制的合同自由的一种制约，一种平衡。订立劳动合同时遵循诚实信用原则，要求当事人诚实地告知对方己方的情况，不隐瞒真相；出于真诚的目的与对方磋商，以期订立劳动合同；本着长期合作的态度与对方订立劳动合同。

四、劳动合同的内容

《中华人民共和国劳动法》第十九条规定了劳动合同的法定形式是书面形式，其内容必备条款有七项。

1. 劳动合同期限

法律规定合同期限分为三种：有固定期限，如 1 年期限、3 年期限等均属这一种；无固定期限，合同期限没有具体时间约定，只约定终止合同的条件，无特殊情况，这种期限的合同应存续到劳动者到达退休年龄；以完成一定工作任务为期限，如劳务公司外派一名员工去另外一家公司工作，两家公司签订了劳务合同，劳务公司与外派员工签订的劳动合同期限是以劳务合同的解除或终止而终止，这种合同期限就属于以完成一定工作任务为期限的种类。用人单位与劳动者在协商选择合同期限时，应根据双方的实际情况和需要来约定。

2. 工作内容

在这一必备条款中，双方可以约定工作数量、质量，劳动者的工作岗位等内容。在约定工作岗位时可以约定较宽泛的岗位概念，也可以另外签一个短期的岗位协议作为劳动合同的附件，还可以约定在何种条件下可以变更岗位条款，等等。

3. 劳动保护和劳动条件

此条款可以约定工作时间和休息休假的规定，各项劳动安全与卫生的措施，对女工和未成年工的劳动保护措施与制度，以及用人单位为不同岗位劳动者提供的劳动、工作的必要条件，等等。

4. 劳动报酬

此条款可以约定劳动者的标准工资、加班加点工资、奖金、津贴、补贴的数额、支付时间、支付方式等。

5. 劳动纪律

此条款应当将用人单位制定的规章制度约定进来。用人单位可采取将内部规章制度印制成册，作为合同附件的形式加以简要约定。

6. 劳动合同终止的条件

这一必备条款一般是在无固定期限的劳动合同中约定，因这类合同没有终止的时限。其他期限种类的合同也可以约定。但双方当事人不得将法律规定的可以解除合同的条件约定为终止合同的条件，以避免出现用人单位应当在解除合同时支付经济补偿金而改为终止合同不予支付经济补偿金的情况。

7. 违反劳动合同的责任

劳动合同一般约定两种违约责任形式。第一种是一方违约赔偿给对方造成的经济损失，即赔偿损失的方式。第二种是约定违约金的计算方法。采用违约金方式应当注意根据职工一方承受能力来约定具体金额，避免出现显失公平的情形。违约，不是指一般性的违约，而是指严重违约，致使劳动合同无法继续履行，如职工违约离职，单位违法解除劳动者合同，等等。

五、劳动合同的解除

劳动合同的解除包括双方解除和单方解除。双方解除是当事人双方为了消灭原有的合同而订立的新合同，即解除合同。单方解除是指当事人一方通过行使法定解除权或者约定解除权而使合同的效力消灭。

1. 劳动者与用人单位双方协商一致解除劳动合同

《中华人民共和国劳动法》第二十四条规定，经劳动合同当事人协商一致，劳动合同可以解除。

2. 劳动者单方解除劳动合同

根据《中华人民共和国劳动合同法实施条例》第十八条规定，有下列情形之一的，依据劳动合同法规定的条件、程序，劳动者可以与用人单位解除固定期限劳动合同、无固定期限劳动合同或者以完成一定工作任务为期限的劳动合同：

（1）劳动者与用人单位协商一致的；

（2）劳动者提前30日以书面形式通知用人单位的；

（3）劳动者在试用期内提前3日通知用人单位的；

（4）用人单位未按照劳动合同约定提供劳动保护或者劳动条件的；

（5）用人单位未及时足额支付劳动报酬的；

（6）用人单位未依法为劳动者缴纳社会保险费的；

（7）用人单位的规章制度违反法律、法规的规定，损害劳动者权益的；

（8）用人单位以欺诈、胁迫的手段或者乘人之危，使劳动者在违背真实意思的情况下订立或者变更劳动合同的；

（9）用人单位在劳动合同中免除自己的法定责任、排除劳动者权利的；

（10）用人单位违反法律、行政法规强制性规定的；

（11）用人单位以暴力、威胁或者非法限制人身自由的手段强迫劳动者劳动的；

（12）用人单位违章指挥、强令冒险作业危及劳动者人身安全的；

（13）法律、行政法规规定劳动者可以解除劳动合同的其他情形。

3. 用人单位可以单方解除劳动合同的情形

根据《中华人民共和国劳动合同法实施条例》第十九条规定，有下列情形之一的，依照劳动合同法规定的条件、程序，用人单位可以与劳动者解除固定期限劳动合同、无固定期限劳动合同或者以完成一定工作任务为期限的劳动合同：

（1）用人单位与劳动者协商一致的；

（2）劳动者在试用期间被证明不符合录用条件的；

（3）劳动者严重违反用人单位的规章制度的；

（4）劳动者严重失职，营私舞弊，给用人单位造成重大损害的；

（5）劳动者同时与其他用人单位建立劳动关系，对完成本单位的工作任务造成严重影响，或者经用人单位提出，拒不改正的；

（6）劳动者以欺诈、胁迫的手段或者乘人之危，使用人单位在违背真实意思的情况下订立或者变更劳动合同的；

（7）劳动者被依法追究刑事责任的；

（8）劳动者患病或者非因工负伤，在规定的医疗期满后不能从事原工作，也不能从事由用人单位另行安排的工作的；

（9）劳动者不能胜任工作，经过培训或者调整工作岗位，仍不能胜任工作的；

（10）劳动合同订立时所依据的客观情况发生重大变化，致使劳动合同无法履行，经用人单位与劳动者协商，未能就变更劳动合同内容达成协议的；

（11）用人单位依照企业破产法规定进行重整的；

（12）用人单位生产经营发生严重困难的；

（13）企业转产、重大技术革新或者经营方式调整，经变更劳动合同后，仍需裁减人员的；

（14）其他因劳动合同订立时所依据的客观经济情况发生重大变化，致使劳动合同无法履行的。

4. 用人单位不得解除劳动合同的情形

为了充分保障劳动者的合法权益，根据《中华人民共和国劳动合同法》第四十二条规定，劳动者有下列情形之一的，用人单位不得依照本法第四十条、第四十一条的规定解除劳动合同：

（1）从事接触职业病危害作业的劳动者未进行离岗前职业健康检查，或者疑似职业病病人在诊断或者医学观察期间的；

（2）在本单位患职业病或者因工负伤并被确认丧失或者部分丧失劳动能力的；

（3）患病或者非因工负伤，在规定的医疗期内的；

（4）女职工在孕期、产期、哺乳期的；

（5）在本单位连续工作满十五年，且距法定退休年龄不足五年的；

（6）法律、行政法规规定的其他情形。

六、劳动合同的终止

《中华人民共和国劳动法》第二十三条规定，劳动合同期满或者当事人约定的劳动合同终止条件出现，劳动合同即行终止。

《中华人民共和国劳动合同法》第四十四条规定，有下列情形之一的，劳动合同终止：

（1）劳动合同期满的；

（2）劳动者开始依法享受基本养老保险待遇的；

（3）劳动者死亡，或者被人民法院宣告死亡或者宣告失踪的；

（4）用人单位被依法宣告破产的；

（5）用人单位被吊销营业执照、责令关闭、撤销或者用人单位决定提前解散的；

（6）法律、行政法规规定的其他情形。

《中华人民共和国劳动合同法实施条例》第二十一条规定，劳动者达到法定退休年龄的，劳动合同终止。

 延伸阅读

试用期期限与工资标准

试用期，是指当事人双方约定的在劳动合同期限内，以确定劳动关系是否进入正式状态的短暂性、实验性期限。

《中华人民共和国劳动合同法》对试用期期限做出以下规定：（1）劳动合同期限三个月以上不满一年的，试用期不得超过一个月；劳动合同期限一年以上不满三年的，试用期不得超过二个月；三年以上固定期限和无固定期限的劳动合同，试用期不得超过六个月。（2）同一用人单位与同一劳动者只能约定一次试用期。（3）不是所有劳动合同都可约定试用期。以完成一定工作任务为期限的劳动合同或者劳动合同期限不满三个月的，不得约定试用期。（4）劳动合同仅约定试用期或者劳动合同期限与试用期相同的，试用期不成立，该期限为劳动合同期限。

《中华人民共和国劳动合同法实施条例》第十五条规定："劳动者在试用期的工资不得低于本单位相同岗位最低档工资的80%或者不得低于劳动合同约定工资的80%，并不得低于用人单位所在地的最低工资标准。"这明确了试用期劳动者同样享有法律规定的工资保障。

名人名言

劳动最光荣、劳动最崇高、劳动最伟大、劳动最美丽。

——习近平

第二节 劳动争议处理

一、劳动争议的概念和特点

劳动争议，是指劳动关系的当事人之间因执行劳动法律、法规和履行劳动合同而发生的纠纷，即劳动者与所在单位之间因劳动关系中的权利与义务而发生的纠纷。

劳动争议具有以下特点：

第一，劳动争议的主体具有特定性。发生劳动争议的主体限于用人单位和与其有劳动关系的劳动者。劳动者之间在劳动过程中发生的争议，用人单位相互之间发生的争议，劳动者或用人单位与劳动行政部门在劳动行政管理中发生的争议等都不能被认定为劳动争议。

第二，劳动争议产生的基础具有特定性。劳动关系的存在，是劳动者与用人单位产生争议的基础，否则劳动争议就不存在。这里的劳动关系，既包括劳动合同关系，也包括事实劳动关系。

第三，劳动争议的内容具有特定性和广泛性。劳动争议的内容是有关劳动权利和劳动义务方面的。劳动关系当事人之间不是为了实现劳动权利和劳动义务而发生的民事争议等其他争议，不属于劳动争议。

二、劳动争议的分类

劳动争议按照不同的标准可划分为以下几种：

（1）按照劳动争议当事人人数多少的不同，劳动争议可分为个人劳动争议和集体劳动争议。

个人劳动争议是劳动者个人与用人单位发生的劳动争议；集体劳动争议是指劳动者一方当事人在3人以上，有共同理由的劳动争议。

（2）按照劳动争议内容的不同，劳动争议可分为因履行劳动合同发生的争议，因履行集体合同发生的争议，因企业开除、除名、辞退职工和职工辞职、自动离职发生的争议，因执行国家有关工作时间和休息休假、工资、保险、福利、培训、劳动保护的规定发生的争议，等等。

（3）按照当事人国籍的不同，劳动争议可分为国内劳动争议与涉外劳动争议。国内劳动争议是指中国的用人单位与具有中国国籍的劳动者之间发生的劳动争议；涉外劳动争议是指具有涉外因素的劳动争议，包括中国在国（境）外设立的机构与中国派往该机构工作的人员之间发生的劳动争议、外商投资企业的用人单位与劳动者之间发生的劳动争议。

（4）按照劳动争议的客体来划分，劳动争议可分为履行劳动合同争议、开除争议、辞退争议、辞职争议、工资争议、保险争议、福利争议、培训争议等。

三、劳动争议的处理原则

劳动争议处理原则是劳动争议处理机构在处理劳动争议的过程中必须遵循的基本准则。《中华人民共和国劳动法》第七十八条规定："解决劳动争议，应当根据合法、公正、及时处理的原则，依法维护劳动争议当事人的合法权益。"《劳动争议调解仲裁法》（中华人民共和国主席令〔2007〕80号）第三条规定："解决劳动争议，应当根据事实，遵循合法、公正、及时、着重调解的原则，依法保护当事人的合法权益。"具体来说，劳动争议案件的处理应当遵循以下几个原则。

（一）着重调解原则

调解是纠纷解决机构通过在争议当事人之间进行调停，使其就争议的解决自愿达成一致，有利于维护当事人之间关系的和谐。由于劳动争议的特殊性，调解作为一种多主体参加的平和的、非对抗性的解决纠纷方式，在解决劳动争议纠纷中有着其他机制无法替代的功能。

着重调解原则，是指在劳动争议处理过程中，着重以调解方式促使双方当事人达成协议，从而解决劳动争议。调解贯穿劳动争议处理的全过程，在劳动争议处理的任何一个程序中都强调调解，有利于从根本上化解矛盾。

调解程序是一个独立的劳动争议处理程序，是劳动争议解决的重要手段。劳动争议发生后，双方当事人可以向劳动争议调解组织申请调解，调解组织充分发挥自身的第三方优势和专业能力，协助当事人解决纠纷。

（二）合法原则

合法原则，是指劳动争议处理机构在争议处理过程中要依据劳动实体法律和劳动程序法律制度来解决争议。也就是说，调解、仲裁的程序、方法和内容都不得违反法律，不得损害国家、集体和他人的利益。合法原则包括程序合法和实体内容合法。在不同的劳动争议处理机制中，合法原则又有不同的要求，这主要表现在调解、仲裁与诉讼程序的区别。

（三）公正、及时原则

公正原则，是指在劳动争议的处理过程中应以事实为根据，以法律为准绳，忠于争议的客观事实真相，准确适用法律，公平公正、不偏不倚地处理当事人之间的劳动争议。在案件的审理过程中相关机构也应注意平等对待双方，给予其同等的表达意见和辩论的机会。

及时原则，是指劳动争议处理机构在处理争议案件时，要在法律和有关规定要求的时间范围内及时给予劳动争议当事人救济，尽快解决劳动争议。在劳动争议中，证据的保存具有较强的时效性，劳动者的利益也有得到保护的紧迫性，因此，及时原则成为劳动争议处理的一项基本原则。

四、劳动争议的处理方式

劳动争议的处理方式包括协商（和解）、调解、仲裁和诉讼。劳动争议发生后，当事人可以和用人单位自行协商，进行和解，不愿协商、协商不成或者达成和解协议后不履行的，可以向本单位劳动争议调解委员会申请调解。若调解不成，当事人可以向劳动争议仲裁委员会申请仲裁。协商和调解不是必经过程，当事人一方可以不经协商、调解直接向劳动争议仲裁委员会申请仲裁，对仲裁裁决不服的，可以向人民法院提起诉讼。

（一）协商和解

劳动争议发生后，劳动者和用人单位可以自行协商，也可以请工会或者第三方共同与用人单位协商达成和解协议。

（1）协商达成一致，劳动者和用人单位应当签订书面和解协议。和解协议对双方有约束力，双方都应当履行。

（2）经仲裁庭审查，和解协议程序和内容合法有效的，仲裁庭可以将其作为证据使用，但是，当事人为达成和解的目的做出妥协所涉及的对争议事实的认可除外。

（二）劳动争议调解

劳动争议调解，是劳动争议双方当事人在劳动争议调解组织的主持下，对争议事项进行协商处理，以期达成有约束力的调解协议的争议解决过程。法律规定，当事人不愿协商、协商不成或者达成和解协议后不履行的，可以向调解组织申请调解。调解与和解一样，都不是劳动争议处理的必经程序。劳动争议双方当事人可以选择适用该争议解决程序。正因为如此，调解的启动需要双方当事人同意，任何一方当事人无权单独启动调解。调解组织在调解的过程中应尊重事实和法律，采用说理、劝解的方式化解争议。

（三）劳动争议仲裁

劳动争议仲裁也称公断。仲裁作为企业劳动争议的处理办法之一，是指劳动争议仲裁机构依法对争议双方当事人的争议案件进行居中公断的执法行为。

仲裁一般要经历这样几个阶段：

（1）案件受理阶段。这一阶段包括两项工作：一是当事人在规定的时效内向劳动争议仲裁委员会提交请求仲裁的书面申请；二是案件受理，仲裁委员会在收到仲裁申请后一段时间内要做出受理或不受理的决定。

（2）调查取证阶段。调查取证的目的是收集有关证据和材料，查明争议实施，为下一步的调解或裁决做好准备工作。调查取证工作包括撰写调查提纲、根据调查提纲进行有针对性的调查取证、核实调查结果和有关证据等。

（3）调解阶段。仲裁庭在查明事实的基础上，首先要做调解工作，努力促使双方当事人自愿达成协议。对达成协议的，仲裁庭还需制作仲裁调解书。

（4）裁决阶段。经仲裁庭调解无效或仲裁调解书送达前当事人反悔，调解失败的，劳动争议的处理便进入裁决阶段。仲裁庭的裁决要通过召开仲裁会议的形式做出。一般要经过庭审调查、双方辩论和陈述等过程，最后由仲裁员对争议事实进行充分协商，按照少数服从多数的原则做出裁决。仲裁庭做出裁决后应制作调解裁决书。当事人对裁决不服的，可在规定时间内向法院起诉。

（5）调解或裁决的执行阶段。仲裁调解书自送达当事人之日起生效；仲裁裁决书在法定起诉期满后生效。生效后的调解或裁决，当事双方都应该自觉执行。

（四）劳动争议诉讼

当事人对仲裁裁决不服的（除了部分劳动争议案件实行有条件的"一裁终局"外），可以依法向人民法院提起诉讼。我国的劳动争议诉讼适用民事诉讼程序，以劳动法规为依据，按照劳动争议案件进行审理，实行"两审终审"制。

五、劳动争议处理机构

劳动争议处理机构，是指有权受理和处理劳动争议案件的组织机构。按照我国《中华人民共和国劳动法》《中华人民共和国劳动争议调解仲裁法》等法律法规的相关规定，我国劳动争议处理机构主要包括劳动争议调解组织、劳动争议仲裁委员会、人民法院。

（一）劳动争议调解组织

劳动争议调解机构可以分为用人单位内的调解机构和用人单位外的调解机构。用人单位内的调解机构是指内设在用人单位（通常为企业）内部的调解机构，即企业劳动争议调解委员会。企业劳动争议调解委员会由职工代表和企业代表组成。职工代表由工会成员担任或者由全体职工推举产生，企业代表由企业负责人指定。企业劳动争议调解委员会主任由工会成员或者双方推举的人员担任。

用人单位外的调解机构包括两类：① 依法设立的基层人民调解组织。它是村民委员会和居民委员会下设的调解民间争议的群众性组织，在基层人民政府和基层人民法院指导下进行工作。② 在乡镇、街道设立的具有劳动争议调解职能的组织。《中华人民共和国劳动争议调解仲裁法》明确要求劳动争议调解组织的调解员应当由公道正派、联系群众、热心调解工作，并具有一定法律知识、政策水平和文化水平的成年公民担任。

（二）劳动争议仲裁委员会

劳动争议仲裁委员会是处理劳动争议的仲裁机构。法律规定，我国劳动争议仲裁委员会并不是按照行政区划层层设立的，而是按照统筹规划、合理布局和适应实际需要的原则确定的。但由于受长期以来的惯性思维的影响，在实践中，我国劳动争议仲裁委员会的设立仍有较强的行政区划特征。

劳动争议仲裁委员会由劳动行政部门代表、工会代表和企业方面代表组成。其职责包括聘任、解聘专职或者兼职仲裁员，受理劳动争议案件，讨论重大或者疑难的劳动争议案件，对仲裁活动进行监督。

（三）人民法院

劳动争议处理中的诉讼程序不是必经程序，只有劳动争议当事人对劳动争议仲裁委员做出的裁决不服，在收到裁决书之日起15日内向人民法院提起诉讼的，诉讼程序才可能启动。我国法院并未设置专门的劳动法庭。劳动争议案件审理由民事审判庭负责，与一般民事案件审理程序相同，实行"两审终审制"。

案例分析

王某系上海某物业公司保安。该公司考勤管理细则规定，员工累计旷工三天以上（含三天）视为严重违反公司规章制度和劳动纪律，公司有权辞退，提前解除劳动合同并依法不予支付经济补偿。2020年1月6日，因父亲病重，王某向其主管提交请假单后赶回安徽老家，请假时间为1月6日至13日。因王某做二休一，其中7日、10日、13日为其休息日。次日，因公司未准假，王某返回上海。在回程途中得知父亲去世，王某向其主管汇报。主管让其安心回家料理后事，王某遂再次回家，之后公司也未再联系过王某。1月14日，王某返回上海，次日上班。1月31日，公司以王某旷工累计已达3天为由解除劳动关系。王某申请劳动仲裁，要求公司支付违法解除劳动合同赔偿金等。仲裁委裁决公司支付违法解除劳动合同赔偿金7.5万余元。公司不服，诉至法院。

一审法院认为，用人单位行使管理权应遵循合理、限度和善意的原则。解除劳动合同系最严厉的惩戒措施，用人单位尤其应当审慎用之。1月6日，王某请假当日公司未及时审批，该日不应认定旷工。王某老家在外地，路途时间耗费较多，扣除3天丧假，王某实际只请了2天事假，属合理期间范围，公司不予批准显然不近人情，亦有违事假制度设立之目的。公司解除劳动合同，属罔顾事件背景缘由，机械适用规章制度，严苛施行用工管理，显然不当。据此，一审法院判决公司应支付王某违法解除劳动合同赔偿金。公司不服，上诉至上海市中级人民法院。二审法院认为，在劳动合同履行期间，用人单位及劳动者均负有切实、充分、妥善履行合同的义务。劳动者有自觉维护用人单位劳动秩序，遵守用人单位的规章制度的义务;用人单位管理权的边界和行使方式亦应宽容及合理。最终,上海市中级人民法院驳回上诉,维持原判。

名人名言

历史赋予工人阶级和广大劳动群众伟大而艰巨的使命,时代召唤工人阶级和广大劳动群众谱写壮丽而崭新的篇章。

——习近平

第四章

劳动教育时代精神

导 语

以习近平同志为核心的党中央高度重视劳动教育，习近平总书记在2018年9月10日的全国教育工作会议上指出，要在学生中弘扬劳动精神。2020年3月，党中央做出部署，印发了《关于全面加强新时代大中小学劳动教育的意见》，深刻阐明了加强劳动教育的重要意义、基本原则，提出要把劳动教育纳入人才培养全过程，促进学生形成正确的三观。这是党和国家在新的历史时期做出的具有时代特质的人才培养理念，为新时代大学生成长成才指明了方向。

2020年，习近平总书记在全国劳动模范与先进工作者表彰大会上对大力弘扬劳模精神、劳动精神、工匠精神做出一系列重要论述，强调劳模精神、劳动精神、工匠精神是以爱国主义为核心的民族精神和以改革创新为核心的时代精神的生动体现，是鼓舞全党全国各族人民风雨无阻、勇敢前进的强大精神动力。习近平总书记精辟概括了劳模精神、劳动精神、工匠精神的科学内涵："在长期实践中，我们培育形成了爱岗敬业、争创一流、艰苦奋斗、勇于创新、淡泊名利、甘于奉献的劳模精神，崇尚劳动、热爱劳动、辛勤劳动、诚实劳动的劳动精神，执着专注、精益求精、一丝不苟、追求卓越的工匠精神。"

目前，全面建设社会主义现代化国家新征程已经开启，我们要继续大力弘扬劳模精神、劳动精神、工匠精神，提振精气神，续写"中国梦·劳动美"的壮丽篇章。

第一节 劳模精神

一、时代背景及内涵

习近平总书记同全国劳动模范代表座谈时指出:"榜样的力量是无穷的。劳动模范是民族的精英、人民的楷模。长期以来,广大劳模以平凡的劳动创造了不平凡的业绩,铸就了'爱岗敬业、争创一流,艰苦奋斗、勇于创新,淡泊名利、甘于奉献'的劳模精神,丰富了民族精神和时代精神的内涵,是我们极为宝贵的精神财富。"

对于劳模精神的六个科学内涵,我们可以根据词语释义和劳模的行为与精神特征加以分析。爱岗敬业是指劳模以高度的工作热情对待工作岗位,对于自身职业具有敬畏之心,对于职业的价值与意义有着深刻的理性认识;"争创一流"是指劳模以争先创优的工作态度要求自己,各项工作都立争走在前列;"艰苦奋斗"是指劳模能够在艰难的环境下不为其所影响,并为了党和国家的事业而排除万难辛勤工作与劳动;"勇于创新"即劳模能够不畏阻碍、不惧失败去创新创造,用创新去推动劳动效率的提升;"淡泊名利"是指劳模看轻个人的名位与利益,不为名利所累,所做出的突出贡献与劳动成果不是为了图功名;"甘于奉献"是指劳模为了党和国家的事业而心甘情愿地做出奉献与牺牲,是对自身工人阶级属性的深刻认识。"爱岗敬业、争创一流"是在工作中热爱职业、追求上进的职业观;"艰苦奋斗、勇于创新"是在岗位上吃得了苦、敢为人先的奋斗观;"淡泊名利、甘于奉献"是在工作中于家为国、不务虚功的大局观。而劳模就是在这几个方面表现尤为突出的杰出劳动者。

劳模精神生动诠释了中国人民具有的伟大创造精神、伟大奋斗精神、伟大团结精神、伟大梦想精神。大力弘扬劳模精神,需要广大劳动模范和先进工作者保持本色,继续拼搏,发挥示范带头作用,用干劲、闯劲、钻劲鼓舞更多的人,激励广大劳动群众争做新时代的奋斗者。

二、榜样的力量

缪文钦,一名"90后"创业青年。没有耀眼的高学历,有的只是一股敢闯敢试的冲劲,一份对劳动的满腔热情,一份对家乡无比眷恋的朴素情怀。

"五心"天使 匠艺传承
——劳动教育与实践

他的家乡凤阳位于寿宁县东南部,地处白云山麓,平均海拔600多米,日照强,水源充沛,土壤含锌,种植葡萄有着天然优势。他本来在深圳经营一家茶叶店,生意红红火火,收入十分可观。一次偶然返乡,他看到村里的群众有种植葡萄的,但因种植土地零散不成片,管理也不规范,效益非常低。经过深入考察了解,他发现凤阳镇非常适合推广大棚葡萄种植,很有发展前景。于是,他决定返乡创业,希望能通过自己的示范带动,给乡亲们带来致富的机会。

为取得群众的信任,调动群众,他带头试种了100多亩,试种成功后,再发动群众。他还通过合作社为种植户提供贷款担保,邀请专家为种植户授课指导,组成"技术服务队"一对一为种植户提供技术服务,还为贫困户购买了葡萄种植的台风、暴雨指数保险。很多群众看到希望,纷纷加入葡萄种植大军。随着葡萄种植规模的扩大,缪文钦意识到应该走标准化、规模化、企业化、品牌化、信息化"五化"之路。于是,他成立了祥瑞葡萄种植合作社,按照"合作社+基地+农户"的经营模式,采取土地入股、土地租赁、劳务技术方式,以及后来引入针对现代农业合作社SAAS服务的"合家欢"管理信息系统等,有效带动了38家葡萄种植专业合作社和家庭农场规范化发展。

2018年以来,县委、县政府大力实施"我+1"产业扶贫计划。在县乡领导的引导下,缪文钦的合作社积极参与,依托葡萄产业优势,探索创新"我有一亩葡萄园"扶贫模式,实现了政府、合作社、贫困户的"三方共赢",带动建档立卡贫困户200户823人实现脱贫致富。

七年时光,缪文钦把青春挥洒在家乡这片沃土上,带领乡亲一起闯、一起干,终于干出了一番"甜蜜"事业。如今,葡萄产业已成为寿宁县产业链条最完整、农民从中受益最多、扶贫效果最好、发展潜力最大的农业主导产业,累计带动发展葡萄1万多亩,实现产值16亿元以上。缪文钦也被乡亲们亲切地称为"创业合伙人""葡萄大王",先后被授予"宁德市十佳农民"、"宁德市五四青年奖章"、"福建省劳动模范"、福建省2019年度"全国十佳农民"推荐人选等荣誉称号;领头创办的祥瑞葡萄种植合作社获评"国家级示范合作社""省级示范合作社"。

【身边的榜样】

2018年2月24日,全国人大常委会表决通过了2 980名十三届全国人大代表资格。在这份名单上一个熟悉的名字映入眼帘——李楠楠。出生于1990年的李楠楠是江苏省南通卫生高等职业技术学校的一名毕业生,9名南通代表中最年轻的一位,她的职业也最为"不显眼",她何以成为全国人大代表?

从学校毕业后,她放弃了去一家大医院当护士的机会,选择到一家民办养老机构担任护理员，怀着对老年人特殊的情感，投身于养老服务事业，一干就是6个年头。李楠楠说，之所以选择了一条与同龄人不同的道路，是因为她对老年人有着特殊的感情。李楠楠从小是由爷爷奶奶带大的，对老人有特别亲切的感觉。怀着未能见奶奶最后一面的遗憾，工作后她全心全意照顾需要看护的老年人。在这家以临终关怀为主的养老机构中，擦背、吸痰、通便等护理服务都是家常便饭，脾气古怪的老年人也不少，但是李楠楠对他们始终面带微笑，不离不弃，成为众多年轻人的表率。

2014年，李楠楠被评为"南通市劳动模范"，2015年被全国总工会评为"全国五一巾帼标兵"，2016年又被评为江苏省劳动模范。

在2018年的"两会"期间，李楠楠带去进一步关心支持养老事业、加强和重视人才培养以及护理人员的职称申报等议案，并建议，将养老护理人才培养纳入卫生人才发展规划，引导和支持高等院校、中等职业学校和职业培训机构加快培养老年服务管理、医疗保健、护理康复、营养调配、心理咨询等专业人才，制定鼓励大中专院校相关专业毕业生从事养老护理的政策，吸收一批学历层次高的年轻优秀人才加入养老服务队伍中。

实践活动

演绎劳模故事，传承劳模精神

2020年年初，一场突如其来的新型冠状病毒疫情肆虐全国。举国上下万众一心、众志成城抗击疫情。在这场疫情防控阻击战中，医护人员等"战士"冲锋在前，在人民与病毒之间砌起高墙；后勤保障供应等行业的工作者"战斗"在后，他们立足岗位，以行动支援前线……每个时代都有每个时代的劳模，他们分布在各行各业中。艰苦创业、无私奉献、勇于创新是不同时代劳模身上共同的烙印。他们虽各有特点，但都以自己的劳模精神激励着一代又一代劳动者为祖国的繁荣富强而拼搏。

请以小组（每组8~10人）为单位，围绕各行各业的劳模事迹举办"劳模故事小剧场"，演绎他们的故事，感受并颂扬他们所传递的劳模精神。演绎的形式不限，可以有旁白、配乐、道具等。教师根据各小组的表现打分，并填入表4-1。

表 4-1 "演绎劳模故事，传承劳模精神"实践活动评价表

评价标准	分值	自评	互评	小计	教师评价
1. 演绎内容：紧扣主题、富有真情实感	30				
2. 语言表达：语言准确、语速适中、吐词清晰流畅	25				
3. 仪态表情：举止得体、自信大方	25				
4. 分工合理，每位成员均积极参与	20				

名人名言

在重视劳动和尊重劳动者的基础上，我们有可能来创造自己的新的道德。劳动和科学是世界上最伟大的两种力量。

——高尔基

第二节 劳动精神

一、时代背景及内涵

党的十九大报告中指出："经过长期的努力，中国特色社会主义进入了新时代，这是我国发展新的历史方位。"新时代大学生，肩负着实现中华民族复兴的重任，是民族复兴伟大进程的见证者、参与者和中流砥柱，所以新时代是青年大学生追逐梦想的时代，是青年大学生实现梦想并为之劳动、奋斗的时代。人世间的一切幸福都需要靠辛勤的劳动来创造。伟大的时代需要伟大的精神作为支撑。伟大的事业需要与之同心同向的劳动者为之奉献。习近平总书记多次强调要崇尚劳动、弘扬劳动精神，并从国家战略发展的高度重视劳动的价值，强调实现中华民族伟大复兴的中国梦归根到底要靠辛勤劳动、诚实劳动、科学劳动。

劳动精神的四个科学内涵侧重于不同的方面。热爱劳动与崇尚劳动侧重于精神层面。热爱劳动体现的是一种对劳动本身的热爱态度，是对劳动创造财富、创造幸福的深刻认识。劳动者在情感层面对于劳动本身怀有热爱心理，并以这种精神去指导实践，激发出劳动热情。崇尚劳动体现的是劳动者对劳动本身的崇敬与

尊重，是对劳动最光荣、劳动最伟大、劳动最崇高的理性认识。以这种精神为指导，才会树立劳动无高低贵贱之分的正确观念。可以说"热爱劳动"侧重于情感层面，而"崇尚劳动"侧重于价值层面。辛勤劳动、诚实劳动侧重于劳动者在深刻认识了劳动的本质之后，将其运用于生产劳动的观念指导与实践活动。辛勤劳动指的是要吃苦耐劳，扛得住各种不利因素与艰难困苦，用辛勤的汗水去完成自身的劳动使命；诚实劳动指的是在劳动时做到全身心投入、不弄虚作假、认真踏实，保质保量地完成劳动任务。辛勤劳动侧重于苦干方面，诚实劳动侧重于实干方面。

劳动精神是劳动者为创造美好幸福生活而在奋斗过程中秉持的基本态度、价值理念及其展现出来的精神风貌。大力弘扬劳动精神，需要激励广大劳动者在追梦圆梦的征途上努力奔跑，以辛勤劳动、诚实劳动、创造性劳动托举梦想、成就梦想。

二、榜样的力量

柴里煤矿综采工区区长室里，有一张睡得变了形的老沙发，它的主人是采煤工区区长黄铜铃。2020年4月，该矿推行"一区两面"生产模式，这让该矿唯一的采煤区长黄铜铃感到身上的担子更重了，在工区待的时间更长了，与家人团聚的时间更少了。一个工区同时负责两个采煤工作面生产。如何把现有力量一分为二，让区队在最短的时间内形成强大战斗力？这个"80后"区长迎来了一次"大考"。黄铜铃不敢懈怠，却"冷落"了家人。妻子常焕明是该矿机电设备制修厂职工，两人单位直线距离仅300多米，却像隔了一座山。除了早上常焕明给黄铜铃送换洗衣服之外，两人基本见不到面。每天起床后，只要看到丈夫不在家，常焕明就熟练地收拾换洗衣服送到办公室，不管丈夫在不在，直接放下衣服，下班后再来取脏衣服。这一套流程，常焕明已经非常熟练。"最大的希望就是一星期能和家人一起吃顿饭。"常焕明的愿望很简单，却很难实现，"孩子的事他基本不问，丈夫偶尔回家和孩子聊几句，话不过三句就批评孩子。在孩子眼中，他就是个'不回家的坏爸爸'。他们工区肩负着全矿人的吃饭问题。他的压力我可能想象不到。我就尽量把家照顾好，让他把精力都放在工作中，也算是为咱矿尽一份力吧。"常焕明说，时间久了也慢慢理解了丈夫。2020年中秋节，黄铜铃下井带班，妻子专程来到办公室，送上了一份"中秋礼物"———一床褥子。"上次去给他送衣服，发现沙发有点塌陷变形，就给他准备了褥子，下井辛苦，休息不好影响工作。"常焕明铺上褥子便走了。

"担子再重也要扛，困难再多也要破。"这是黄铜铃写在笔记本上的一句话。

"五心"天使 匠艺传承
——劳动教育与实践

2020年9月，该矿3606工作面末采造撤除条件，23上631工作面面临初采，23下606工作面又进入薄煤区，"三大难题"摆在眼前，生产一度陷入被动局面。现场安全怎么抓好？劳动组织怎么优化？生产任务如何完成？黄铜铃躺在沙发上，彻夜难眠。想不通就下井看现场。黄铜铃抄起毛巾就往井下奔，这是他当天第二次下井。这次下井，他跑了30多公里，相当于从柴里矿跑到滕州高铁站。这30多公里路没白跑，凭着20多年的工作经验，他捋清了思路，定岗、定人、定职责、定任务的"四定"举措应运而生，打破了被动局面。这一关，他们顺利通过。没等黄铜铃喘口气，拦路虎又来了。10月，井下23下606工作面揭露该矿建矿以来罕见断层。断层对顶板管理、生产组织影响较大。这一次，黄铜铃没时间躺在沙发上思考，直接靠前指挥、盯在一线，现场制定措施，现场调整方案，现场落实任务。在黄铜铃的带领下，他们合理飘刀、刹底、调控采高，尽最大努力减少揭露断层面的面积。经过一个月的奋战，他们终于打赢了这场硬仗，安全通过断层。2021年1月15日，黄铜铃荣获枣矿集团2020年度劳动模范。

【身边的榜样】

缪愿成，南通卫生高等职业技术学校1997届毕业生，南通市肿瘤医院重症医学科护士长，荣获"全国卫生系统新冠肺炎疫情防控工作先进个人"称号、"江苏省三八红旗手"称号。江苏省人力资源和社会保障厅给予其新冠肺炎疫情防控记大功奖励，其带领的"江苏危重症护理支援队"被评为"全国卫生系统新冠肺炎疫情防控工作先进集体"。

2020年新冠肺炎疫情发生后，缪愿成第一时间报名，毫不犹豫主动请战，义无反顾充当排头兵，坚定决心投身到抗击疫情的阻击战中。1月25日（大年初一）的下午，她作为南通市第一批援鄂医疗队紧急驰援武汉。1月27日，正式进驻武汉大学中南医院。

在武汉大学中南医院，她始终坚守在急诊隔离病房和发热门诊这两个相对风险较高的岗位上。作为队长，她要联系车辆出行，对接支援医院，集合队员信息，保障物资援助，汇总上报工作，还要时刻关心队员的防护安全、生活、工作、心理变化，主动为身体不适的队员顶班。有一段时间，每天能保证的睡眠时间只有4个小时。她说："在特殊的时刻，人会迸发出超常的力量。"担心穿防护服不熟练耽误时间，她们总是提前一小时到岗，每班工作7~9小时，为了节约防护用品，始终都是一班到底，不吃不喝不上厕所，很多人都是有生以来第一次穿上了纸尿裤，生理期也只能焐着。一班下来，身上湿了干，干了又湿，手过敏皲裂，鼻梁被压破皮……

身体上的苦和累是能承受的,更为严重的是精神上的压力。刚到武汉,看到候诊病人排着长队等候到深夜,看到就诊者焦虑期盼的目光,看到工作人员身穿简易的改制的防护服,看到重症床位上不时地更换新面孔,后来又了解到中南医院被感染的医护人员有200多人,她所在的科室在她们进驻后先后有9人感染,她感到空前巨大的压力。她必须在做好个人防护的同时,做好全队人员的安全防护,努力完成救护任务。"我是党员,我是队长,完成使命,无论生死",这是她坚持下去的信念。

在队里,她就像个大姐姐一样,做好队员的安全、生活保障,上传下达,把各级领导的嘱托和关心传达给每一位队员,让他们能安心工作;与院方做好沟通,有问题及时协商解决,完成支援队的使命。她带领的队伍先后护理新冠肺炎患者92名、非新冠肺炎重症患者20多名,采集咽拭子标本800多份,完成了大量的日常护理、感控消杀工作。

她说,身为医务工作者,身为共产党员,只要组织召唤,只要人民需要,她随时准备着,甘愿牺牲小我,承载生命的重托!

 实践活动

致敬普通劳动者

所有美好生活都要靠劳动创造,每位劳动者都应得到承认和尊重。我们身边就有很多普通的劳动者,如保洁员、宿管员、保安、快递员、食堂工作人员等,正是他们这些基层劳动者辛勤的汗水和无私的付出,为我们营造了舒适的学习生活环境,让我们可以安心地学习。每个职业都是高尚的。我们要学习劳动精神,向身边默默奉献的普通劳动者致敬。

请以小组(每组5人左右)为单位,组织一次"致敬普通劳动者"的主题活动,选择一个劳动者群体或个体,向他(们)致敬,可以为他们送水送餐,也可以发动其他同学一起帮助他们劳动,等等。要求要有详细的活动过程记录(可以是图片或视频),且有后期深刻的心得体会。教师根据各小组的表现打分,并填入表4-2。

表4-2 "致敬普通劳动者"实践活动评价表

评价标准	分值	自评	互评	小计	教师评价
1. 提前做好活动方案的策划	20				
2. 活动形式有新意且感动劳动者	20				
3. 分工合理，每位成员均积极参与	20				
4. 活动过程记录详细	20				
5. 活动的体会深刻	20				

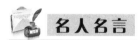

劳动模范有三种作用，即带头作用、骨干作用和桥梁作用。

——毛泽东

第三节 工匠精神

一、时代背景及内涵

在2016年的政府工作报告中，李克强总理说，"要鼓励企业开展个性化定制、柔性化生产，培育精益求精的工匠精神"。党的十九届四中全会提出弘扬科学精神和工匠精神。在新时代大力弘扬工匠精神，对于推动经济高质量发展、实现"两个一百年"奋斗目标具有重要意义。相信随着国家产业战略和教育战略的调整，工匠精神将成为普遍追求。

"执着专注、精益求精、一丝不苟、追求卓越"的工匠精神，是广大技能型劳动者在进行物质生产实践过程中形成的宝贵精神财富。相比侧重于弘扬模范榜样精神的劳模精神与崇尚鼓励劳动的劳动精神，工匠精神是产生于更为特定的人群、特定场景下的一种精神品质，即杰出的技能型劳动者在生产劳动过程中所产生的精神。"执着专注"是对待自身技能领域几十年如一日的心态与精神。每一位大国工匠都起步于普通的技能人员，即便是在纷扰的外部环境下，也能够不为浮躁所侵扰，对于从事的特定技能领域做到"坚守与专注"。"精益求精"是指工匠对于所生产的产品能够在原有的技艺基础上不断完善，也是对自身追求的升华。"一丝不苟"是指工匠能够对产品细心打磨,即便是对十分微小的细节也能做到极致,不敷衍了事。"追求卓越"既是对工匠自身终身学习的要求,也是对工匠所生产的产品推陈出新的要求。只有不断进取,不拘泥于已有的成绩,不过分自满,始终以最前沿的标准来要求自身及产品的劳动者,才能称为合格的新时代工匠人才。"执着专注"强调的是工匠精神的前提,"精益求精"强调的是工匠精神的操守,"一丝不苟"强调的是工匠精神的作风,"追求卓越"强调的是工匠精神的目标。

工匠精神是千百年来工匠在劳动实践中展现出来的风采和神韵,体现了技术尖兵的优秀品质。大力弘扬工匠精神,需要褒奖工匠情怀、传承工匠文化,引领高技能人才和大国工匠在本行业和本领域担大任、干大事、成大器、立大功。

二、榜样的力量

齐白石 19 岁时,以小料木匠正式出师。在人生观、价值观形成的时期,他以一个木匠学徒的身份,形成了严谨的工匠精神价值观:要不惜一切代价把活计做到最好。

据齐白石长孙齐佛回忆,祖父为了更新雕花式样,招徕更多主顾,去向人借《芥子园画谱》。在没有大规模印刷术的时代,一本书的价值相当于普通人家几个月的生活费,借书需要中间人作保,只借 7 天,如有污损,全额赔偿。齐白石千辛万苦借来这本书,以巨大的毅力,在做工之余的酷热夏夜,点起烟熏火燎的松油火,用竹纸和毛笔将这本画稿全部勾拓下来,装订成 16 本小册子,日夜学习。凭着《芥子园画谱》,齐白石成为十里八乡的翘楚,他的雕花手艺超越了麒麟送子、双凤朝阳等传统花样,甚至将中国的雕花工艺推进了一大步。这样的刻苦是现代人难以想象的,于当时的齐白石而言也是不必要的,因为他已经是传统意义上很好的小料木匠了,无须改进也可以吃饱饭。但正是这种"要做到最好"的工匠精神价值观,驱使着他向前走。

工匠精神在齐白石身上体现得淋漓尽致。他有一个艺术信条,就是没见过的东西他不画。他在画案上养着虾,观察虾从第几节开始打弯,用水墨不断试验,研究如何表现虾身的透明感,并且说自己 80 多岁了才把虾画好;他画芭蕉叶时,要查查叶子是从左边卷还是从右边卷,否则绝不下笔。他在苦练技艺方面对自己的严格要求,令人叹为观止。

工匠精神就是干一行爱一行,在干中增长技艺与才能。正如习近平总书记所说:"劳动没有高低贵贱之分,任何一份职业都很光荣。"劳动最崇高,劳动最光荣,在平凡的岗位干出不平凡的业绩,就是工匠精神的体现。

【身边的榜样】

　　崔慧娴，江苏省南通卫生高等职业技术学校护理系实训教师。她是我校 2020 届毕业生，2018 年全国职业院校技能大赛金奖获得者。

　　入校第二年，崔慧娴主动报名参加学校技能团。她认为这些操作都是临床上必备的，参加技能团可以多练习，尽快熟悉专业技能。在一次次的练习中，她认真钻研每一个动作，不放过每一个细节，努力让自己的技能水平提高。记得有一次临近比赛，她的左手手腕不小心被烫出一个水泡。水泡位置不偏不倚，正好在心肺复苏两手重叠的按压部位。老师说至少半个月是练不了心肺按压的。说者无意，听者有心。乐观坚强的她第一次崩溃大哭，因为马上就要比赛了，半个月不练习按压，技能肯定生疏了。她暗自着急，去医院检查。医生开了药膏叮嘱每天涂抹，不要自己挑破，容易感染。心急的她这一次没有"遵医嘱"，回到学校就找来一个针尖自己偷偷挑破水泡，涂上碘酊，贴上输液胶贴，又恢复了往日的训练。虽然很痛，也知道会有感染的风险，但她还是义无反顾地这样做了。时至今日，水泡的疤痕还深深地烙在她的手腕上。她说："现在回忆起来，我仍然感谢当初勇往直前的自己。"

　　在备赛的过程中，从仪态站姿到操作动作，她都以最高的标准要求自己。每天只有午餐的 10 分钟时间可以稍做休息，吃完饭又立刻投入紧张的练习中……数以万次的练习，让一个个动作从正确到规范，到熟练，再到优美。晚上的时间则用来复习理论，当她有些许困意时，便默默地去洗一把冷水脸，再以最快的速度回到小桌边继续背书。她说，那段时光是艰苦的，也是充实的，更是难忘的。

　　谁也没想到，那个当初抱着"试一试"的心态报名技能团的小女生竟一路跌跌撞撞，走进了 2018 年全国职业院校技能大赛决赛。集训的过程是残酷的，每周都会有一次淘汰赛。记得有一次，她在淘汰赛第一项比赛中不小心拿错了记录单。出了赛场，眼泪在眼眶里直打转。但她没有气馁，在老师的开导下马上调整心态，继续准备后面的比赛。最终，她一路过关斩将，获得金奖。毕业后，她顺利留校成为一名实训教师。

实践活动

"我想做一个怎样的工匠"演讲活动

结合自己的专业，谈谈你对工匠精神的理解，并说说如何在专业实践中诠释工匠精神。教师根据各人的表现打分，并填入表 4-3。

表 4-3 "我想做一个怎样的工匠"演讲活动评价表

评价标准	分值	自评	互评	小计	教师评价
1. 演讲内容：紧扣主题、富有真情实感、层次分明	30				
2. 语言表达：语言准确、语速适中、清晰流畅	25				
3. 仪态表情：举止得体、自信大方	25				
4. 整体综合情况	20				

名人名言

匠心就是能够长期沉下心、静下心、不断学习，专心把一件事情做好。

——陈行行

第五章

"五心天使" 劳动教育实践

导 语

"五心天使"德育品牌活动是江苏省南通卫生高等职业技术学校立德树人教育的重要组成部分。学校将劳动教育融入"五心天使"德育品牌中,利用爱心、慧心、健心、雅心和匠心养成活动,强化劳动教育培养。"五心天使"德育品牌活动既有便利性和多样性,又有专业特殊性,更有实践性。

第一节 劳动教育体系

职业教育的重要目标是培养高素质劳动者和技术技能型人才,因此劳动教育对于职业教育尤为重要,通过劳动强化学生的劳动精神,增强学生的劳动技能,发挥树德、增智、强体、育美的作用。我校作为南通地区唯一一所培养白衣天使的学校,针对学生特点,结合"五心天使"德育品牌活动,将劳动教育体系界定为培养体系和保障体系。

一、基于"五心天使"德育品牌的劳动教育培养体系

我校基于历史文化传承特色,结合卫生职业院校办学特点,围绕"一个中心"(培养职业素养),培育"两种精神"(南丁格尔精神和体臣精神),推进"三全育人"(全员、全程、全方位),做实"四自管理"(自我管理、自我教育、自我服

务、自主学习），打造"五心天使"（崇德向善、守护生命的爱心天使，博学启智、感悟生命的慧心天使，强身悦心、敬佑生命的健心天使，明礼正行、体验生命的雅心天使，精业创新、雕琢生命的匠心天使）。通过组织丰富多彩的"五心天使"养成活动，在校内课程培养、校外实践培养、课外培养三个层面，形成自我教育、自我服务、自我实践、自我创造的"四自劳动"教育培养体系。

1. 自我教育，提升劳动素养

学校积极开发建构生活自理和学习自理教育活动校本课程。开展"慧心天使"养成活动，利用劳动教育技能课教导学生学习烹饪、手工等力所能及的劳动技能，召开劳动教育主题班会课，鼓励学生将所学的知识经验运用在实际生活中，进一步激发对知识的探索兴趣，同时引导学生充分了解劳动教育的时代内涵及意义。开展"爱心天使"养成活动，每年重阳节组织"感恩父母"活动，号召学生在节日用实际行动表达对父母养育之恩的感激。

2. 自我服务，提升劳动技能

学校积极开展"爱心天使"养成系列活动，培养学生服务自我、服务他人的精神和能力。一是开展志愿服务教育。在新冠肺炎流行期间，我校学生活跃在社区抗疫一线，承担排查、普及防疫知识等工作；组建"音·为爱"音乐治疗志愿团队，以歌唱、演奏乐器、表演音乐剧等形式，服务于福利院、护理院、社区、街道、学校，产生了较大的社会反响，并荣获"南通市优秀志愿服务项目"。二是学校为贫困学生开设勤工助学岗位，大大减轻了他们的生活压力，培养了他们吃苦耐劳的精神，增强勤俭节约的意识。广大学生在活动中感受、体验、认知和建立起朴素的劳动情感，培养了顽强的劳动意志和劳动行为。此外，学校积极引导学生参加"健心天使"养成系列活动，如开展校园卫生服务，开辟校内劳动基地药用植物园建设，进行"知行合一"的耕种活动和植树活动，促进学生手脑协调能力，增强学生身体的抵抗力。学生在参加劳动的过程中，通过与人沟通协作，培养了乐观开朗的性情，增强了社会适应力。

3. 自我实践，提升职业技能

2007年起，学校成立学生实训部，模拟医院和企业的组织架构，实行三级管理（实训部—年级—班级），一方面加大实训室的开放空间，另一方面为学生提供更多的动手操作、实践实训的机会。每年定期培训一批"技能小老师"，增强学生的语言表达能力和观察问题、分析问题能力，强化学生的职业意识，增强对未来职业的憧憬。通过学生实训部的运作，实训技能训练成了专业课堂教学实训的有效补充，有效地增强了学生的专业技能。同时，学校精心组织"匠心天使"养成系列活动：一是组织学生进行实习、见习等实训活动；二是邀请优秀毕业生——

全国人大代表李楠楠及抗疫期间奔赴湖北的一线抗疫护士开展专题讲座，讲述他们的优秀劳动事迹；三是组织学生参加全国及省市的技能大赛。通过以上活动，学校积极引导学生传承工匠精神、增强劳动职业意识、精进劳动职业技能、提高劳动职业素质，把劳动教育渗透进育人的每一个环节。

4. 自我创造，提升文化素养

学校组织了一系列"雅心天使"养成活动，运用创新型劳动教育培养学生勇于探索、乐于创新的能力：由班主任组织学生利用班会课，进行包饺子、包馄饨等手工劳动，让学生享受把劳动成果转化为美食的创作过程；开展创意美育与劳育活动，通过组织"我心目中的最美教师"肖像画、书画社等社团活动，开展黑板报，创作劳动教育主题作品，引导学生在劳动中发现生活的美，培养学生发现美、想象美、创造美的能力，促使他们更为深刻地理解劳动价值。

二、常态化、长效化、创新化的劳动教育保障体系

1. 健全组织管理体系

组织管理体系是决定劳动教育是否有效实施的核心要素。在学校党委的领导下，学校成立劳动教育领导小组，组宣处、教务处、学生处、团委等相关职能部门主要负责人为主要成员，确立劳动教育的具体目标及任务分工，并明确与课程相关的劳动教育由教务处具体落实，与实践活动相关的劳动教育由学生处和团委具体落实，做到统一领导下的分工负责。

2. 增强师资队伍建设

师资力量是学校劳动教育实施的关键。首先，学校每班每周开设一节劳动实践课，并建有专门的劳动教育师资队伍，由班主任负责本班劳动教育实践课程的组织与指导。其次，部分专业已经开设劳动技能课，由思政老师负责课程教学工作。再次，学校对全体任课教师加强劳动教育方面的培训，确保其在任教科目中融入劳动教育，在实施劳动教育的过程中融入德、智、体、美的教育。

3. 完善考核评价体系

学校建立了一套综合的评价体系，实现对劳动教育的评价。一是对必修课程，学校在专业人才培养方案中设定必须完成的学分。二是学生参加的暑期实践等相关活动，由团委等部门考核评价。2020年7月，学校出台了《劳动教育课程学分认定暂行办法（征求意见稿）》，补充、完善了对劳动课程学分的管理和认定方法，推进了劳动教育工作的进一步开展。

4. 创新运用智慧平台

学校搭建信息化、数据化、可视化的学生教育成长平台，结合学校"五心天

使"德育品牌要求，在学生的爱心养成、慧心养成、健心养成、雅心养成和匠心养成五个方面有机融入劳动主题教育，全面客观记录课内外劳动过程和结果，呈现学生劳动素养水平，加强实际劳动技能和价值体认情况的考核。开展劳动教育星级评价，把劳动素养评价结果作为衡量学生全面发展情况的重要内容，作为评优评先的重要参考和毕业依据。

劳动是劳动者的直接的生活来源，但同时也是他的个人存在的积极实现。

——马克思

第二节　劳动教育方案

学校高度重视劳动教育，在校内建构了完整的劳动教育培养体系，制订了科学的劳动教育实施方案和劳动素质评价体系，将劳动教育教学目标、活动创设、具体措施、考核要点、评价方式、安全保护等要素融入人才培养方案和课程体系中，并在课堂教学、专业实训、课外活动、实习见习、社会实践、技能竞赛、志愿服务等方面融入劳动教育元素，先后出台《劳动教育课程学分认定暂行办法（征求意见稿）》等系列文件，为学校劳动教育建章立制，描绘蓝图。

江苏省南通卫生高等职业技术学校劳动教育实施方案
（征求意见稿）

根据中共中央、国务院《关于全面加强新时代大中小学劳动教育的意见》精神，为在广大学生中坚持培育和践行社会主义核心价值观，把劳动教育纳入人才培养全过程，结合我校实际情况，特制订本方案。

一、指导思想

以习近平新时代中国特色社会主义思想为指导，全面贯彻党的教育方针，坚持"五育并举，劳育优先"原则，把劳动教育纳入人才培养全过程，以劳树德，以劳增智，以劳强体，以劳育美，积极探索新时代高校劳动教育内涵，打造适合卫生职业院校培育目标的"五心天使"。

二、基本原则

1. 三个结合原则。劳动教育应该要做到三个结合，即与思想政治教育相结合，与专业教育相结合，与实践活动相结合。着力提升学生综合素质，促进学生全面发展、健康成长。

2. 注重实效原则。科学构建劳动教育课程体系，落实立德树人根本任务，避免形式主义，真正把劳动教育贯穿到人才培养过程的始终，在劳动过程中培养学生的劳动精神面貌、价值取向和技能水平。

3. 以生为本原则。结合学校实际情况和学生年龄特点，开展贴合专业特点要求的劳动教育，注意手脑并用、安全适度。

三、具体措施

（一）建立劳动教育课程体系

设置劳动教育课程。设立劳动教育必修课，将劳动教育融入人才培养全过程，以实习实训课为主要载体开展劳动教育，让学生在校期间完成不少于16学时的理论与实践相结合的劳动教育必修课学习；将劳动教育融入课程教学中，让学生在接受知识和技能学习的同时，强化新时代劳动价值观、劳动安全教育、劳动法规教育。（责任部门：教务处。配合部门：学生处、各系部）

（二）开展劳动教育实践活动

1. 发挥实践教育基地的劳动育人功能。进一步整合校内外资源，结合专业见习、实习等教学活动，组织学生到实践教育基地参加劳动，把劳动教育融入学生的实习实训中，强化劳动知识和技能训练，结合工作岗位任务，让学生进一步培养劳动情感、劳动观念和劳动能力，为今后工作岗位要求奠定素质基础。（责任部门：各系部。配合部门：教务处）

2. 积极开展服务性劳动实践。服务性劳动教育主要通过社会服务来体现，通过组织学生利用课余时间深入社区、机构进行志愿服务，加强学生公益劳动意识，引导学生扎根基层建功立业。（责任部门：团委。配合部门：各系部）

3. 扎实开展校内公益劳动。通过开展先进班级、文明宿舍等一系列活动，组织学生参加力所能及的劳动，通过评比等活动，倡导讲卫生、爱环境的良好氛围。（责任部门：学生处。配合部门：各系部）

（三）加强宣传

1. 培育劳动光荣的校园文化。将劳动习惯、劳动品质的养成教育融入校园文化建设中去，结合植树节、学雷锋纪念日、五一劳动节、志愿者日等，开展丰富的劳动主题教育活动，营造劳动光荣的校园文化。（责任部门：组宣处。配合部门：学生处、团委、各系部）

2. 加强劳动精神学习宣传，营造浓厚的劳动教育氛围。通过学校各类宣传平台，开展劳动教育学习宣传活动。以班级为单位，通过主题班会、主题讲座活动等多种形式，结合举办"道德讲坛"、"名师名家进校园"、"劳模大讲堂"、优秀毕业生报告会等劳动榜样进校园活动，师生能近距离接触劳动模范，聆听劳模故事，引导学生形成良好的劳动意识。（责任部门：组宣处。配合部门：学生处、各系部）

3. 开展劳动教育展示活动。开展劳动技能、劳动成果展示等活动，选树一批优秀典型，对劳动表现突出的学生予以表扬，并作为评优评先的重要参考之一。（责任部门：学生处。配合部门：各系部）

四、考核评价及认定

学生劳动教育考核以劳动学分评估，具体评分细则详见《劳动教育课程学分认定暂行办法（征求意见稿）》。

五、组织保障

建立由党委书记、校长任组长，分管领导任副组长，相关职能部门为成员的劳动教育工作领导小组，全面负责全校劳动教育课程体系设计、教学管理、劳动教育组织及学分认定等工作。

江苏省南通卫生高等职业技术学校

2020 年 9 月 1 日

劳动教育课程学分认定暂行办法
（征求意见稿）

劳动教育是中国特色社会主义教育制度的重要内容，直接决定社会主义建设者和接班人的劳动精神面貌、劳动价值取向和劳动技能水平。为构建德、智、体、美、劳全面培养的教育体系，根据中共中央、国务院《关于全面加强新时代大中小学劳动教育的意见》精神，科学、规范、有序实施我校劳动教育课程学分的管理和认定，推进劳动教育工作开展，结合学校实际，特制定本办法。

一、指导思想

以习近平新时代中国特色社会主义思想为指导，全面贯彻党的教育方针。坚持"五育并举，劳育优先"原则，打造"五心天使"德育品牌，推动学校"三全育人"工作开展，把劳动教育纳入人才培养全过程，以劳树德，以劳增智，以劳强体、以劳育美，积极探索新时代高校劳动教育内涵，发挥劳动教育在卓越卫计人才培养中的重要作用。

二、劳动学分的类型及管理

1. 学生校内劳动学分包括公共义务劳动学分和专业技能劳动学分，分别由学生处和教务处进行管理，负责各类型劳动具体项目的界定及劳动学分的核定。校外劳动学分计入寒、暑假综合实践活动内容，由校团委具体管理。

2. 各类劳动学分涉及的劳动项目须由学校集中组织，具体项目由相关职能部门根据学校劳动教育实践基地建设实际设置，劳动任务由学生劳动教育管理办公室进行统筹协调后分配至各系部。

3. 系部是劳动学分管理考核主体，负责劳动项目的具体实施及学生的管理和考核；协调安排教师加强指导，注重劳动保护与安全，有序开展劳动；加强劳动过程管理，定期对学生所获劳动学分进行公开。

4. 学生集体劳动须以班级或社团为单位进行，原则上每周一班会课后，组织集体劳动课，每次集体劳动时间不超过 2 小时；学生因身体原因无法完成学校指定劳动项目的，经学校医院证明、学生处复核后，可选择力所能及的家庭劳动等形式完成，由学生家长或学生所在学院出具劳动合格证明。

5. 学期内获评校级文明寝室的学生每人可直接认定 0.5 个劳动学分；寝室被认定为卫生不达标的，每人下一学期须额外完成 0.5 个劳动学分。

6. 劳动学分认定范围可由管理责任单位结合实际设定，如长期清理教室卫生、在系部组织的特色劳动教育活动中承担一定的工作量等，每学期可根据劳动时长、劳动效果折合认定 0.5~1 个劳动学分。

7. 学生处负责统筹做好劳动学分考核工作，协调系部及劳动项目设置单位制订好考核方案并顺利实施；统一印发劳动教育指南，指导系部结合系情和学生实际，做好劳动教育制度宣讲工作。

8. 教务处负责统筹劳动学分的申报及认定工作，推进劳动教育课的"五融合"，形成协同效应，深入推进课程育人，提高实践育人实效。

三、劳动学分规定及要求

1. 非毕业班在校生须依照人才培养方案规定按时参加学校安排的各类劳动，高职生要求完成 8 个学分，中职生要求完成 6 个学分，16 个小时计 1 学分。毕业时未修够学分者，暂缓发放毕业证书。

2. 分学期在非毕业年级安排劳动项目，每人每学期参与劳动时间不少于 16 小时，超出部分可累计计入下一学期，不足部分需在下学期补足。

3. 学生在校期间所获劳动学分超出基本要求的，超出部分计入总学分，列入学生评优条件，部分劳动学分结合劳动内容可申请替换选修课学分。

四、劳动学分考核及计算

1. 劳动教育考核方案由学校结合工作实际制订，原则上应根据劳动效果和劳动时长开展考核，鼓励引导学生实行自我教育、自我服务、自我管理、自我监督，诚信记录，带队老师具体组织实施并以班级为单位做好劳动台账记录，每学期末进行学分核算。

2. 各责任单位根据劳动项目工作量合理安排劳动内容和劳动时间，按 0.1 学分的倍数设置相应劳动学分，学生按要求完成项目可获得相应学分。

3. 班级劳动委员协助班主任做好班级劳动台账记录和劳动学分核算工作。劳动结束后，学生须认真开展劳动总结，适时以班级为单位开好主题班会，公示劳动台账及劳动学分核算结果。

五、学分申报及认定

1. 学分申报：每学期相关部门确定劳动时间和项目，具体时间另行通知。

2. 学分设置：学生处、教务处、系部等部门提供各自管辖范围内劳动项目服务项目及学分一览表，由教务处在教务系统中完成项目设置。

3. 学分考核：每学期结束后，各班班主任汇总完成学生劳动考核成绩，认定结果公示无异议后，登录教务系统完成成绩录入。

4. 学分认定：申报学分由教务处统一进行认定并计入学生成绩。

六、其他

本办法自发布之日起生效，中、高职各专业按照学期学分要求完成毕业所需劳动学分，具体由教务处负责解释。

江苏省南通卫生高等职业技术学校
2020 年 7 月 1 日

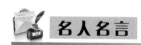

我们的教育方针，应该使受教育者在德育、智育、体育几方面都得到发展，成为有社会主义觉悟的有文化的劳动者。

——毛泽东

"五心"天使 匠艺传承
——劳动教育与实践

第三节 劳动教育实践

一、社会实践

我校尤为重视社会实践在育人方面的重要功能，通过劳动教育活动中的体验式环节，引导学生从理论思维限制中走出来，主动把理论与实践相结合，学生通过实际操作，去检验理论，进一步展开思考、论证创新，从而爱上劳动，学会劳动，感受劳动精神的高尚，体会劳动教育的成果。

我校长期开展并推行社会实践，将社会实践活动通过假期社会实践和志愿服务予以落实。

假期社会实践每年由团委牵头，鼓励全体学生以认真的姿态对待社会实践活动，以专业能力服务社会，锻炼社会交往能力，增强综合能力。学生采用自发组队和个人实践的形式，假期返回家乡就近开展实践。学生填写社会实践学生分队申报表，经审核后组建相应的学生分队，进行社会实践。内容包含：红色之旅——学习和继承党的优良作风和光荣传统，树立正确的世界观、人生观、价值观；社区服务——开展科教、文体、法律、卫生"四进社区"活动；走进农村——关心"新农村"，关爱"新农民"，开展文化、科技、卫生"三下乡"活动；走进企业——到医院、药房、药厂、医药公司见习，增强专业能力；环境保护——宣传环保知识，倡导环保观念，普及与环保相关的法律法规；等等。

活动结束后学生填写《社会实践登记表》《社会实践日志》，开学后学校将对在社会实践中涌现出的先进个人与先进团队予以表彰。

社会实践活动花絮（图 5-1）：

"五心"天使 匠艺传承
——劳动教育与实践

图5-1 学生参加社会实践活动

志愿服务以南丁格尔志愿服务队、"阳光天使志愿者"团队、"音·为爱"团队等学生志愿服务社团为平台和依托，扎实开展服务活动。志愿服务团队在"奉献、友爱、互助、进步"的志愿精神感召下，秉承"敬业、奉献、服务"的宗旨，进社区、进机构，用自己的专业知识为居民服务，如量血压、推拿按摩、宣教常见疾病的预防、进行力所能及的生活护理等。近年来开展团队服务数百次，建立点对点固定服务家庭 15 家，服务涉及多个社区，参加社会大型公益活动多次，服务对象及宣教对象达 45 000 人次，志愿服务总时间超过 13 500 小时，在传承爱心中凸显了医疗卫生工作者关注民生、服务社会的良好形象。

2008 年 2 月，我校发起成立南丁格尔志愿者服务队，随后队伍不断发展壮大，成为南通市卫健系统的优质志愿服务品牌，并获得南通市精神文明建设指导委员会颁发的"南通市第 33 次文明新风典型提名奖"。

2017 年 9 月，我校成立"音·为爱"音乐治疗志愿团队。该团队围绕社会主义核心价值观，常年坚持开展具有卫生院校特色的志愿服务活动——"大手牵小手"特殊儿童音乐治疗，以歌唱、演奏乐器、表演音乐剧等形式，改善特殊儿童的问题行为。自建队以来,常年服务于福利院、护理院、社区、街道、学校,用音乐与特殊儿童、老年人群、留守儿童、癌症患者建立起一座座爱的桥梁,产生了较大的社会反响,受到上级主管部门和社会各界的一致肯定和好评,荣获"南通市优秀志愿服务项目",连续两年获得江苏省中职学校"文明风采大赛"德育实践活动案例一等奖。为学生融入社会、回报社会创造了机会,是学校实施"爱心天使"主题教育的有效体现,也是实现劳动教育的有效平台和特色载体。

学生志愿服务花絮(图5-2):

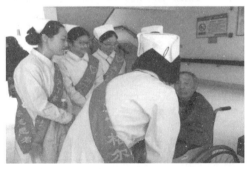

"五心"天使 匠艺传承
——劳动教育与实践

图 5-2　学生参加志愿服务活动

二、日常劳动

（一）用劳动凸显个人美

仪容仪表是个人涵养的外在表现。在人际交往的过程中，它是一张没有文字却形象生动的名片。良好的第一印象在人际交往中至关重要。作为一名学生，良好的精神风貌必不可少，要体现出欣欣向荣的生机，展现青春特有的朝气。让我们一起学习规范的仪容仪表，为自己的外在形象增添美丽。

1. 学生日常仪容仪表规范

(1) 着装。

① 校服着装标准。

周一为校服日,学生须全天穿校服。校服应干净平整,无破损。穿着校服时要注意自身的形象、姿态,要求站、坐、行大方得体。

② 日常着装要求。

日常着装应符合学生身份。学生在校园内不得穿奇装异服、搭配怪异的服装,如破洞裤、低腰裤、乞丐服等。夏日着装不得穿露肩、露背及过短、过透的服装,如吊带装、迷你裙、短裤、露脐、露腰、露背装等。穿舒适便于运动的鞋类,不得穿人字拖、凉拖、洞洞鞋、高跟鞋、坡跟鞋、松糕鞋等。

(2) 发型、面容和首饰。

① 发型:适合学生身份,头发保持干净、清洁,不染发、烫发。男生不留长发,不剃光头,前发不过眼,后发不过颈,鬓发不过耳。女生发型不遮挡五官,不披头散发,不理怪异发型,不使用怪异发饰。

② 面容:保持整洁、清新、自然,女生不涂脂抹粉,不化浓妆。

③ 首饰:禁止佩戴项链、手链、脚链、戒指、耳环、耳钉等首饰,不涂指甲油,不文身。

(3) 标志牌(胸卡)佩戴。

标志牌(胸卡)是在校内证明学生身份的有效证件。学生在校内须全天候佩戴标志牌(胸卡)于胸前,凭标志牌(胸卡)出入校门、进出教学楼及学生公寓、参加活动。应珍惜、爱护、妥善保管学生标志牌(胸卡),不得随意破坏、遗弃、转借他人。

2. 护理人员仪容仪表规范

(1) 发型和帽子:佩戴燕尾帽,扣好扣子,帽子整洁无污渍。手术室护士戴圆帽时头发要全部罩在帽子内,前不遮眉,后不露发梢,不戴头饰,帽子的接缝线要放在后面。长发要用头花盘起,短发不得过肩,刘海不过眉。护士佩戴护理部或医院规定统一头花;不染彩色头发,不留奇异发型。燕尾帽用无色、黑色发夹固定于帽后。

(2) 着装:护士服应清洁、合体、平整,衣扣扣齐。若衣扣缺损,应及时缝好,不得用胶布、别针等代替缺损的衣扣。护士服按规定定期更换。穿护士服时,内衣不得外露,内衣颜色应为浅色,领子不能高出护士服衣领,衬裙长度不能超过护士裙底边。穿护士服时不佩戴与工作无关的饰品、物品,衣兜内不放过多物品。

（3）鞋袜：按规定穿着医院提供的白色护士鞋，保持鞋面清洁无污渍。穿浅色袜子（白色或肉色），袜子清洁无异味、无脱丝、无破洞。

（4）工作装扮：上班宜化淡妆，不可浓妆艳抹。眉毛不可修得过细，颜色为淡黑色，不用假睫毛。口红颜色应接近唇色，不得选择过于艳丽的颜色。不留长指甲，不涂指（趾）甲油。工作时禁止佩戴戒指、手镯，可戴耳钉，颈部不可佩戴粗大项链。

（5）口罩：进行无菌操作时必须佩戴口罩。戴口罩的方法要正确，不可挂在耳边或颈部，口罩暂存工衣口袋方法正确。

（6）工牌：工作时必须佩戴工牌。工牌保持清洁，字迹清晰。以吊带或夹扣方式佩戴名牌，名牌上不拴挂其他饰品。

拓展阅读

面试求职礼仪技巧

面试是毕业学生在找工作时的一项重要环节。它是经过组织者精心设计，在特定场景下，以考官对考生的面对面交谈与观察为主要手段，由表及里测评考生的知识、能力、经验等有关素质的考试活动。一个好的面试过程可以大大增加求职者成功的概率，给考官留下良好的第一印象。

面试礼仪技巧一：仪表要大方

1. 根据职业选服装

既要表现出职业化的面貌，又要表示出对面试方的尊敬。男生的最佳面试服装是两件套西装，以简单稳重的造型为佳。对女生而言，职业化的套装搭配中跟的皮鞋看起来精明、干练、成熟，会给面试人员留下比较专业的印象。

2. 简简单单就是美

简单既是职场着装的原则，也是面试打扮的座右铭。服装的色彩方面，讲究"三色原则"。全身的服装及鞋、包的色彩要控制在三色以内，最好以黑、白、灰、蓝、咖啡为主。太过花哨的颜色可能会引起面试人员的反感。

3. 穿着要合乎基本礼仪

男生在穿着西装时要遵循西装的礼仪规范。如：黑色的皮鞋要搭配深色、长及小腿中部的袜子；西装袖口的商标一定要拆除；皮鞋、皮包与皮带要同色；西装纽扣的扣法要合乎规范；等等。女生穿套裙时要注意袜子的搭配。穿长筒袜时，注意袜边不能露在裙边下面。最好选择肤色或灰色的袜子，尽量不穿黑色及带花纹的长袜；不要穿脱丝的袜子。佩戴的首饰数量不要超过三件，款式越简单越好，色彩、款式尽量统一。

4. 妆容宜清新从简

化妆不仅可以增添信心，也体现对自己和他人的尊重。面试前要注意面部、头发、手部的清洁，选择合适的发型，并保持口腔清洁和口气清新。男生应养成每天修面剃须的良好习惯，注意修剪鼻毛。女生可化清新、自然的面试妆；不要当众化妆，不要化浓妆；若妆面出现残缺，要及时补妆。

面试礼仪技巧二：坐姿要得体

1. 入座姿势要恰当

坐姿包括坐姿和坐定的姿势。面试入座时，神态要保持大方得体。入座要轻而缓，不要发出任何嘈杂的声音。在面试过程中，身体不要随意扭动，双手不应有多余的动作，双腿不可反复抖动。放松心情，不要因为紧张，无意识地用手摸头发、耳朵甚至捂嘴说话，否则可能会让面试官认为你没有用心交谈，甚至怀疑你话语的真实性。

2. 不同性别的就座礼仪

男性就座时，双脚踏地，双膝之间至少要有一拳的距离，双手可分别放在左右膝盖之上，若是面试穿着较正式的西装，应解开上衣纽扣。女性在面试入座时，双腿并拢并斜放一侧，双脚可稍有前后之差。如果两腿斜向左方，则右脚放在左脚之后；如果两腿斜向右方，则左脚放在右脚之后。这样对方从正面看双脚是交成一点的，腿部更显修长，也显得颇为娴雅。若女性穿着套裙，入座前应收拢裙边再就座。坐下后，上身挺直，头部端正，目光平视面试官。坐稳后，身子一般占座位的2/3，两手掌心向下，自然放在两腿上，两脚自然放好，两膝并拢，面带微笑，保持自然放松。

面试礼仪技巧三：距离产生美

1. 保持良好的社交距离

交谈时，如果距离主考官太远，不利于主考官对信息的接收，同时也会让对方误认为你不愿向他表示友好和亲近。如果距离太近，会打扰到主考官的私人空间，让对方感到不适。因此，面试交谈时，一般与主考官保持一定的"社交距离"，会让对方感到亲切、舒适。

2. 利用附加动作使交谈更有效

在求职面试中，双方信息的传递不单单凭借有声语言，有时还要依赖身体语言来发挥魅力，如手部动作、表情变化等。

面试礼仪技巧四：离开要有礼

面试交谈结束后，要礼貌起身。起立的动作最重要的是稳重、安静、自然，绝不能动作过大，发出拖拽椅子的声响。一般入座时从左边进入开始坐，离开时也要从椅子的左边退出。另外，面试结束时，不要忘记向主考官道谢。

（二）用劳动展现集体美

走进校园的大门，集体宿舍就是学生共同的家园。宿舍是学生学习、生活、休息的场所，也是提高思想素质的阵地。为了维持正常的生活秩序，创造一个优良的学习、生活环境和健康向上的精神家园，大家要行动起来，用劳动来装扮自己的小天地，打造不一样的集体之美。

1. 宿舍内务整理标准

宿舍内务整理标准见表5-1。

表5-1 宿舍内务整理标准

序号	宿舍内务整理标准
1	离开宿舍时需关闭门、灯、空调、排风扇、水龙头
2	拉开蚊帐
3	应将被子与枕头放置于床一侧，起床后及时把被子叠好
4	床铺上不能放置杂物，如抱枕、靠枕、玩偶等，收纳箱要规范摆放在空床上
5	床上、床梯上不得悬挂衣服
6	床底鞋子和盆整齐摆放，每人鞋子不超过三双
7	桌椅摆放整齐，桌面整洁不杂乱
8	漱口杯、皂盒、洗手液整齐放于洗漱台的两侧，不要有其他多余杂物
9	热水瓶放于洗漱台下两侧（靠墙放），并摆放整齐
10	毛巾置于毛巾架上悬挂整齐，不得悬挂其他物品
11	空床物品整齐摆放，床底地面、宿舍阳台和地面清洁无污垢
12	清洁工具整齐摆放，桶中垃圾不要过半，马桶洗刷干净
13	宿舍内原则上不张贴物品
14	橱顶物品摆放整齐（按顺序摆放）
15	根据宿舍包干区安排表，对宿舍楼公共区域进行打扫
16	及时带走宿舍垃圾并丢进楼下垃圾桶，不要摆放在宿舍门外
17	宿舍内禁止使用大功率充电器，如电吹风、卷发棒、"热得快"、电饭锅等
18	早晚自习及上课时间，宿舍内禁止使用一切电器，如手机、充电宝、拖线板、电脑等
19	禁止带外卖（包含校外购买、食堂打包的食品等）进宿舍

2. 宿舍衣柜收纳

（1）收纳原则。

① 断舍离：把那些不必需、不合适、过时的东西统统断绝、舍弃，并切断对它们的眷恋。"断舍离"之后才能过简单清爽的生活。

② 二八原则：隐藏80%的乱，展现20%的美。需要藏起来的物品有：易乱的日用品、不常用的物品、季节性的物品、没有美感的物品。可以展示的物品有：经常会使用到的物品、展示性的装饰品和收藏品。

（2）宿舍衣柜收纳小技巧。

宿舍衣柜小，内部的隔层也少，因此，要使衣柜内部空间得到高效的利用，拥有高效整洁的收纳效果，运用收纳工具必不可少。用衣柜拉篮可以整齐有序地叠放衣物，在方便拿取的同时也不用担心会弄乱整个衣柜。多层衣架可将外套及易褶皱的衣物晾挂起来，能为衣柜节省出不少的空间。用免钉挂钩和化妆品收纳盒，能让小物件也有自己的归属地。

（3）学会日常用品的收纳技巧。

① 衣物收纳。在平整的地方叠衣服，避免衣物出现褶皱。结合收纳的空间，将常用的T恤上衣等折叠成四方形，竖立放置，存取更简单。存放衬衫之类容易出现褶皱的衣物时，可重叠放置。高档质地的衣物，为避免潮湿虫蛀，应尽可能放在较高的位置。衣柜和壁橱的下方可放能水洗的棉制品。

② 小物品收纳。女生们的小物件比较多，如果全部罗列开来，不仅占用很大的空间，而且显得橱柜杂乱无章。根据使用频率和使用期限，结合橱柜的空间大小，可以充分利用规格一致的小物件的收纳盒，把暂时用不到的小物品放入盒子里。常用的护肤品、洗发水、沐浴露等放在显眼处，便于取放使用。

3. 宿舍风采展示

（1）宿舍文明。

宿舍文明环境建设直接体现精神面貌和个人素质，关系到所有人员的身心健康。宿舍成员应将维护整洁文明的宿舍环境内化为自觉追求，外化为自觉行动，争取达到以下这些基本要求。

① 文明宿舍的环境总体应达到"干净""整洁""美观"的目标。"干净"：地面干净、墙面干净、门窗干净、玻璃干净、桌椅橱干净、其他物品整洁干净。"整齐"：桌椅摆放整齐、被褥折叠整齐、毛巾挂放整齐、书籍叠放整齐、鞋子摆放整齐、其他用具置放整齐等。"美观"：空间安排合理，装饰物摆放和谐，有良好的视觉效果，无杂物、无乱挂现象、无蛛网、无烟蒂、无酒瓶、无异味等。

② 宿舍成员应坚持每天自觉做好自我管理，自觉养成良好的生活习惯，维护

宿舍良好的生活环境，比如：叠一叠被子、扫一扫地面、擦一擦台面、整一整柜子、理一理书架、倒一倒垃圾；不让异性进出宿舍，不留宿外人，不藏匿危险物品，不使用违规电器，不损坏公共设施，不乱扔果皮纸屑，等等。

③ 在宿舍应杜绝不文明行为，不养宠物，不在宿舍楼内抽烟、酗酒，不在门口丢放垃圾，不乱用公用洗衣机，等等。

(2) 宿舍美化。

① 美化原则。

· 装饰简洁明了：宿舍通常面积不大，没有必要摆放过多装饰品，否则会显得杂乱。

· 风格温馨舒适：宿舍是放松休憩的地方。美化时要考虑烘托一种温馨、舒适的氛围，让宿舍充满家的温暖气息。

· 营造学习氛围：宿舍除了是放松休憩的地方，还是学习的场所。美化时要从色彩、风格上考虑这个因素，营造一个安静、适宜学习的空间。

② 创意要点。

· 凸显宿舍文化：每个宿舍都有不同的文化。美化时要充分考虑自己的宿舍文化和内涵，营造出别出心裁的创意设计。

· 合理"变废为宝"：低碳、绿色、环保是当下流行的概念，也是学生应该践行的生活方式。在美化宿舍时，充分利用生活中易被忽略的废物和旧物，如易拉罐、雪糕棍、牛奶盒、饮料瓶等，做成各种实用的生活小用物，不仅创意十足，还能传递绿色环保的生活态度。

· 彰显成员个性：宿舍成员的小空间组成了宿舍的主体，每个小空间都是使用者的"家"。美化宿舍时应在兼顾整体风格统一的基础上，充分考虑个人的使用需求和审美偏好，打造属于自己的独特的小空间，彰显成员的个性。

(3) 宿舍和谐。

五湖四海的我们，因为有缘，相聚到一起，从此开启了五年的共同生活。让我们学会相知，用心相守，成为相亲相爱的一家人。

① 正确认识自己。

同学间交往，应该要端正交往的动机，完善自己的个性，有意识地去克服自我中心感过强、过于敏感、狂妄自傲、怪癖孤独等不良个性。严于律己，宽以待人，才能开出友谊的花朵。

② 培养良好的品格。

良好的道德品质在平时的为人处世中尤为重要。与他人交往时，应注重培养自己的良好品格：尊重他人，谦虚待人；当同学有困难时，热心助人，诚实守信，言行一致；正直无私，坚守原则；具有较强的集体主义和奉献精神。

③ 树立正确的"三观"。

良好的人际关系离不开正确的人生观、价值观、道德观。有着正确、一致的"三观"，彼此更容易亲近，沟通交流也更为顺畅。但世界上没有两片完全相同的叶子，当沟通的过程中出现冲突和矛盾时，只要我们始终以平等、诚实、宽厚的态度待人，胸怀坦荡，就比较容易建立和谐的人际关系。

拓展阅读

脱离妈妈照顾的东方神童魏某

13岁的湖南神童魏某以总分600多分考进某大学物理系，成为当时湖南省年龄最小的大学生。17岁时便考上了中科院的硕博连读研究生。他的母亲在"智商"教育上确实一路凯歌，除了学习，家里任何事情都不让他插手。给儿子洗衣服、端饭、洗澡、洗脸，为了让儿子在吃饭的时候不耽误看书，甚至亲自给他喂饭。从小学到大学，魏某的生活一直由母亲一手包办。然而，魏某脱离母亲的照顾后，完全"失控"：热了不知道脱衣服，大冬天不知道加衣服，穿着单衣、拖鞋就往外跑；房间不打扫，屋子里臭烘烘的，袜子、脏衣服到处乱扔；不记得参加考试和撰写毕业论文。最后连硕士学位都没拿到，就被学校劝退了。"我心想，他将来长大离开我，人这么聪明，很快就能学会的，不晓得他已经形成习惯，改不过来了。"魏某的母亲可谓老泪纵横、悔不当初。

（三）用劳动彰显城市美

随着时代的变迁、科技水平的高速发展，人们适应了生活和工作的快节奏，往往忽略了很多正在悄无声息蔓延着的实际问题。"垃圾围城"目前已成为困扰全球大城市的难题。保护环境是我们每个公民应尽的义务。让我们一起做垃圾分类的践行者，为城市的绿水青山增添一丝美。

1. 垃圾分类的意义

"垃圾是放错了地方的资源。"垃圾分类就是将垃圾分门别类地投放，并通过分类清运和回收使之重新变成资源。习近平总书记在上海市考察时指出"垃圾分类工作就是新时尚"，并勉励大家把这项工作抓实办好。全民参与垃圾分类，利国惠民，具有积极的意义。

（1）减少环境污染。

我国现有的垃圾处理方式包括填埋和焚烧。无论采用哪种方式和技术，都难以杜绝有害物质渗透。这些有害物质会随着地球的循环而进入整个生态圈，污染水源和土地，通过植物或动物，最终影响人们的身体健康。另外，垃圾焚烧也会产生大量危害人体健康的有毒气体和灰尘。我们如果能够做好垃圾分类，就能减少垃圾的填埋和焚烧，从而减少环境污染。

（2）节省土地资源。

填埋和堆放等垃圾处理方式占用土地资源，且生活垃圾中有些物质不易降解，填埋后将使土地受到严重侵蚀。据统计，垃圾分类可以使人均生活垃圾产生量减少三分之二，从而节省大量土地资源。

（3）促进资源的循环利用。

通过垃圾分类，人类可以回收可利用的垃圾，将垃圾变废为宝，促进资源的循环利用，从而保护生态系统。

（4）增强民众的环保意识。

垃圾分类是处理垃圾公害的最佳解决方法和最佳出路。垃圾分类能够让民众学会节约资源、利用资源，养成良好的生活习惯，提高个人的素质素养。

2. 垃圾分类的标准

最新出台的标准将生活垃圾类别调整为可回收物、有害垃圾、厨余垃圾和其他垃圾四大类。生活垃圾分类图标如图 5-3 所示。

可回收物
Recyclable

有害垃圾
Hazardous Waste

厨余垃圾
Food Waste

其他垃圾
Residual Waste

图 5-3　生活垃圾分类图标

四大类垃圾具体组成如表 5-2 所示。

表 5-2　生活垃圾分类

序号	大类	小类
1	可回收物	纸类
2		塑料
3		金属
4		玻璃
5		织物
6	有害垃圾	灯管
7		家用化学品
8		电池
9	厨余垃圾	家庭厨余垃圾
10		餐厨垃圾
11		其他厨余垃圾
12	其他垃圾	

除上述四大类外，家具、家用电器等大件垃圾和装修垃圾应单独分类。
厨余垃圾也可称为湿垃圾，其他垃圾也可称为干垃圾。

3. 垃圾分类操作

（1）分类原则。

进行垃圾分类，关键要掌握分类原则。可回收垃圾材质有玻璃、金属、塑料、纸张、衣物等；有害垃圾非常少，主要是废电池、废灯管、废药品、废油漆及其容器；厨余垃圾看其是否腐烂，是否容易粉碎；剩余的就都是其他垃圾了。当发现有混淆模糊、不能准确判断类别的垃圾时，我们也可以把它归为其他垃圾。

（2）投放要求。

① 可回收物指适宜回收可循环利用的生活废弃物。投放要求：

- 应尽量保持清洁干燥，避免污染。
- 立体包装物应清空内容物，清洁后压扁投放。
- 易破损或有尖锐边角的应包裹后投放。

② 有害垃圾指生活垃圾中对人体健康或自然环境造成直接或潜在危害的物质，必须单独收集、运输、存贮，由环保部门认可的专业机构进行特殊安全处理。投放要求：

- 投放时应注意轻放。
- 易破碎的及废弃药品应连带包装或包裹后投放。
- 压力罐装容器应排空内容物后投放。

③ 厨余垃圾指食材废料、剩菜剩饭、过期食品、瓜皮果核、花卉绿植、中药

药渣等易腐的生活废弃物。投放要求：

- 厨余垃圾应从产生时就与其他品种垃圾分开收集。
- 投放前应尽量沥干水分，有外包装的应去除外包装投放。
- 在公共场所产生厨余垃圾且未发现对应收集容器时，应携带至厨余垃圾投放点妥善投放。

④ 其他垃圾指除可回收物、有害垃圾、厨余垃圾外的其他生活垃圾。投放要求：投入其他垃圾收集容器，并保持周边环境整洁。

⑤ 大件垃圾，如沙发、床垫、床、桌子等，可以预约可回收物回收经营者或者大件垃圾收集运输单位上门回收，或者投放至管理责任人指定的场所。大型电器、电子产品也属于大件垃圾，如空调、电冰箱、洗衣机、电视机等。处理此类垃圾时可联系规范的电子废弃物回收企业回收或按大件垃圾管理要求投放。需要注意的是，小型电器电子产品包括微电脑、手机、电饭煲等，可按照可回收物的投放要求进行投放。

⑥ 装修垃圾，如碎马桶、碎石块、碎砖块、废砂浆及弃料等应和生活垃圾分别收集，并将装修垃圾装袋后投放到指定的场所。

拓展阅读

垃圾分类从我做起主题班会

【教学目标】

1. 知道垃圾的分类，认识垃圾分类的标志，认识垃圾分类的重要性。
2. 认识垃圾是宝贵的再生资源，初步学会垃圾分类的方法。
3. 树立节约资源和保护环境的意识，以实际行动做好垃圾的分类。

【教学重难点】

1. 学会正确地分类垃圾，合理地处理垃圾。
2. 从自我做起，带动身边的人正确地分类垃圾。

【教学准备】

学生在课前准备垃圾分类的各种资料。

【教学过程】

一、激趣导入，引入主题

同学们，你们知道吗？我们国家一天就产生大约4亿千克的垃圾，一年就会产生2亿吨的垃圾，全世界每年约产生垃圾450亿吨。这么多的垃圾如果没有处理好，就会严重影响我们这个美丽的生活环境。那么用什么方法处理这些垃圾更好呢？（进行垃圾分类）对，同学们真聪明，处理垃圾最好的方法是进行垃圾分类。我们这节班会课的主题就是"垃圾分类，从我做起"。

二、分小组汇报，了解垃圾分类的相关知识

老师已布置同学们利用课余时间去收集有关垃圾分类的知识，并在小组里进行了整理，现在分小组上来汇报你们收集到的资料。

第一小组：汇报生活垃圾分几类，它们是哪几类，包括哪些内容。

第二小组：介绍垃圾分类的好处。

第三小组：介绍各种垃圾桶的颜色和标志。

第四小组：朗读垃圾分类的口号。

第五小组：以手抄报的形式展示他们收集的资料。

三、进行垃圾分类的知识问答竞赛

同学们，相信你们听了大家的介绍，对垃圾的知识已了解不少，下面进行垃圾分类的知识问答竞赛，比一比，看哪个同学记得牢。分两组题，第一组是必答题，每一小组必须答一道题目，组员可以补答。答对一道题就获五面小红旗。准备好了吗？

第一题请第一组作答，我国城市一般把垃圾分成几类，它们分别是什么？(4类,可回收物、厨余垃圾、有害垃圾、其他垃圾)

第二题：四种垃圾分别应该投放到什么颜色的垃圾桶。[可回收物（蓝色）、有害垃圾（红色）、厨余垃圾（绿色）、其他垃圾（灰色）]

第三组：请列举2种厨余垃圾。（骨头、瓜果皮等）

第四组：请列举2种可回收物。（废纸、玻璃等）

第五组：请列举2种有害垃圾。（废电池、废日光灯管等）

四、小组讨论

同学们，我们已掌握了不少垃圾分类的知识，让我们都参与到垃圾分类活动中来，你们有什么好的点子呢？先进行小组讨论，后汇报。

五、师生互动，共享收获

开展了"垃圾分类，从我做起"主题班会后，相信每个同学都有自己的收获，请同学们谈谈自己的收获。

六、总结提高，唱响班歌

教师总结：同学们，相信你们通过这节"垃圾分类，从我做起"的主题班会课，都知道怎样对垃圾进行分类了。让我们从自己做起，进行垃圾分类。请同学们记住，今天分一分，明天美十分！

三、专业劳动（专业认知周、见习、实习、现代学徒制）

根据专业特色融入贴近学生实际的劳动教育，不仅能增大学生学习的兴趣，也能提高劳动实践的积极性，因此，学校将劳动素养教育注入专业认知周、见习、实习、现代学徒制等专业的课堂教育之中，不断深化学生对劳动价值观的认识。

（一）新生专业认知周

"新生专业认知周"系列活动是学校针对不同系部的新生组织开展的具有专业特色的前瞻课程之一，使学生在入校之初即对所学专业有个大致的了解，并对自己的专业满怀好奇与热爱。经过连续几年的不断探索和实践，现已成为一门颇具特色、内涵丰富、深受学生喜爱的品牌课程。

各专业的"新生专业认知周"活动均包含五个环节：① 系主任或专业负责人介绍学校及专业发展历史、人才培养目标与要求；② 专业教师介绍专业课程学习与专业能力培养；③ 优秀校友代表介绍综合能力培养与职业生涯规划；④ 行业专家介绍行业发展趋势与创新能力培养；⑤ 下临床技能体验。通过长达一周的专业认知，新生们加深了对本专业的认识，也初步明确了今后的努力方向和个人生涯规划。

表5-3至表5-5分别为护理系、药学系、医学技术系专业认知周培训内容。

表5-3　护理系专业认知周培训内容

日期	时间	主题	内容
第一天内容		专业认知	新生专业认知周安排和要求
			护理专业介绍与提醒教育
			护理系学生管理细则解读
			护理专业学历提升路径
			职业生涯规划
			自学《专业认知教育读本》《体臣精神读本》
			书写学习体会，完成认知教育手册日志
第二天内容		方向引领	十九大精神与校园文化介绍（含体臣精神）
			安全教育
			法律教育
			护理实训室综合管理
			技能大赛经验分享
			仪容仪表指导

续表

日期	时间	主题	内容
第二天内容		方向引领	参观护理实训室
			制定个人职业生涯规划 完成认知教育手册日志 完成班级认知教育简报
第三天内容		走进临床	1. 参观医院，初步了解医院文化与环境 2. 一对一跟带教老师上2小时班 3. 在带教老师指导下学习单人徒手心肺复苏术
			书写临床见习体会，要求具体描述情景和细节，或具体的故事
第四天内容		技能体验	优秀学生代表学习经验交流
			了解新时代卫生健康职业的发展
			任课老师介绍与教师寄语
			参观校史馆和生命科学馆
			心肺复苏技能训练 参赛选手技能训练（每班一名）
			完成日志，绘制简报，完善个人职业生涯规划
第五天内容		梦想起航	学习成果展示：职业生涯规划演讲
			见习技能成果展示：心肺复苏技术
			各班班会、总结
作业			1. 每天完成专业认知教育日志 2. 各班完成一份专业认知教育简报（A3版） 3. 每人交两篇认知日记（每篇500字以上，要求生动，有具体情景和内心感受）及一份职业生涯发展规划（A4版） 4. 成果展示环节：演讲，每班1人；技能，每班1人，择优推荐。参与者均获荣誉证书

表5-4 药学系专业认知周培训内容

时间	认知内容
第一天内容	校领导与新生见面讲话
	专业认知动员
	学校介绍（光盘），优秀校友事迹展示
	讲座一：药学专业人才培养方案
	讲座二：药管专业人才培养方案
	讲座三：中药学专业人才培养方案
	讲座四：药剂专业人才培养方案

续表

时间	认知内容
第一天内容	讲座五：职业生涯规划
	讲座六：行为规范教育
	爱祖国爱父母教育（光盘）
第二天内容	讲座七：医药公司介绍
	讲座八：医疗机构药师管理
	讲座九：法制教育
	实践一：参观三越中药饮片有限公司
第三天内容	讲座十：语文课程介绍 讲座十一：数学课程介绍 讲座十二：化学课程介绍
	讲座十三：励志教育（优秀校友讲座）
	讲座十四：励志教育（优秀校友讲座）
	实践二：参观国药控股南通医药公司
第四天内容	讲座十五：十九大精神及校园文化讲座
	讲座十六：学历提升路径
	讲座十七：安全教育（交通、网络、电信）
	实践三：参观南通精华制药公司
第五天内容	专业认知交流会
	总结表彰
	实践四：参观校内实训基地
	班级总结
备注	1. 在各班教室晚自习，晚自习内容为学校、班级管理、文明礼仪教育等，具体安排由班主任负责 2. 在认知周中每位学生要填写任务书并完成心得一篇，在班级上交流后，每班推荐1名代表在系部交流 3. 认知周结束后，班主任根据学生表现按评分方案给予每位学生评语及等次，并在一周内将班级学生任务书等资料交至系部 4. 在认知周期间，新生班主任若没有课时安排，均需参加各项活动，现场签到 5. 认知周结束，将资料上交系部，包括计划、讲座课件、发言稿、学生任务书、心得、总结等

表 5-5　医学技术系专业认知周培训内容

时间	认知内容
第一天内容	专业认知动员
	讲座一：认识新冠肺炎
	讲座二：检验专业人才培养方案简介
	讲座三：专业学历提升路径
	讲座四：康复专业人才培养方案简介
	讲座五：专家讲座
第二天内容	讲座六：专家讲座
	完成新冠肺炎知识海报和专业认知任务书
	讲座七：法制教育
	讲座八：安全教育
第三天内容	讲座九：专家讲座
	讲座十：英语、计算机等级考试讲座
	实践一：参观南通第六人民医院
第四天内容	参观实验室：每批10人，15~20分钟一批，轮流参观
	讲座十一：行为规范教育
	讲座十二：十九大精神与校园文化介绍（含体臣精神）
	讲座十三：职业生涯规划讲座
第五天内容	班级交流，班会
	职业生涯规划演讲，新冠肺炎知识海报展示

（二）见习

见习是学生理论联系实际的重要环节，其目的是让学生增加对专业的感性认识，进一步巩固专业的理论知识和实践技能，并将所学的知识和技能切实有效地运用到临床实践中，增强学生分析问题、解决问题的能力，培养学生良好的职业道德和崇高的敬业精神，从而为学生今后的实习和工作打下良好的基础。

护理系的见习内容包括五个环节：了解临床护理工作方式；了解护理程序在护理工作中的应用；熟悉门诊、急诊、病区的基本工作内容；掌握病人入院和出院的护理程序；具体见习的护理操作技术。

药学系的见习内容包括组织学生去市内各大医院、连锁药店、制药企业学习药库管理和调剂技术运用，野外采药，识别药材特征，等等。

"五心"天使 匠艺传承
——劳动教育与实践

医学技术系的见习内容包括四个环节：了解医院康复医学科的工作制度、工作流程和工作职责；熟悉康复科的常用康复器具及其用途和使用方法；掌握康复医学科的常见病的康复评定及训练技术；掌握康复科常见医疗文书的书写方法。

见习生日常劳动掠影（图5-4）：

第五章 "五心天使"劳动教育实践

图 5-4　见习生参加日常劳动

（三）实习

毕业实习既是高职高专教育的最后环节，也是学生用理论指导实践、增强综合能力的重要阶段。为了达到实习教学的目的和要求，让学生巩固专业理论知识，增强专业技能,培养分析问题、解决问题的能力,养成良好的职业道德和严谨、求实的工作作风,同时为了加强对临床实习教学的全面领导与管理,学校分别制订了各专业的毕业实习方案。

护理系的学生在实习前期,对专科技能进行专项训练,提前培养行为习惯;在实习初期,陆续通过岗前培训,进入医院各科室开始临床实践;在实习期间,经过四五个科室的轮转,在带教老师的指引下要能单独进行护理操作,并能很好地跟患者沟通。

药学系的学生在实习期间,要了解并熟悉药房的运营模式、制度文化及岗位职责等,通过岗位实践,检验理论学习及运用水平,培养优秀的劳动技能素养、务实的工作态度和良好的人际沟通能力。

医学技术系的学生在实习期间,在临床教师的指导下要掌握康复医学科常见病、多发病的康复技术,对病人能熟练地进行问诊、康复评估、运动治疗、物理治疗、言语治疗等。在临床中要树立以"人"为中心的理念,熟悉并运用康复医学程序的工作方法,逐步培养独立分析问题和解决问题的能力。

实习生日常劳动掠影(图5-5):

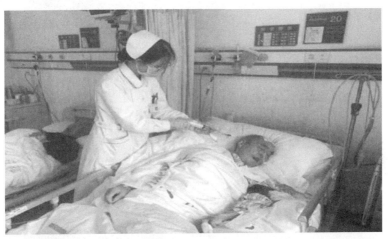

"五心"天使 匠艺传承
——劳动教育与实践

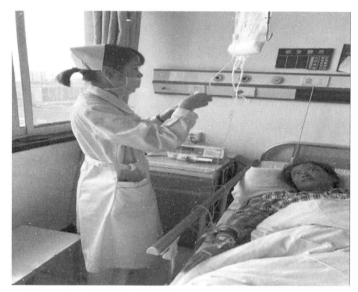
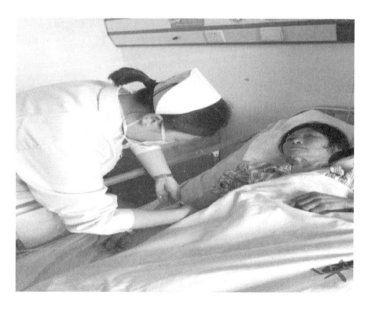

第五章 "五心天使"劳动教育实践

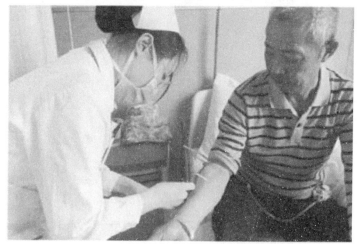

"五心"天使 匠艺传承
——劳动教育与实践

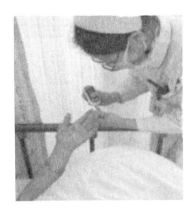
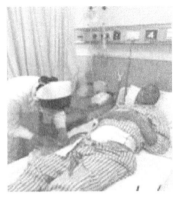
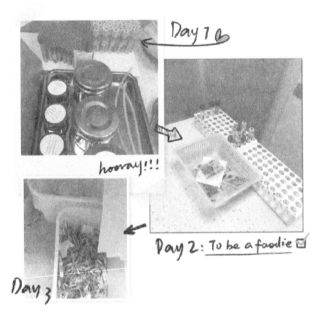

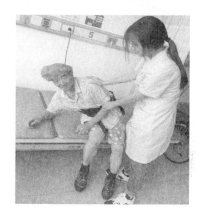

图 5-5　实习生参加日常劳动

（四）现代学徒制

现代学徒制是新时代背景下把传统学徒制与现代职业教育相结合的校企"双主体"协同育人的人才培养模式，要求企业的技能学习与学校的理论教育相结合，校企合作与工学结合协调统一，以实现企业与学校的双元育人、岗位培养。推行现代学徒制，是职业教育人才培养模式的必然趋势。

目前，学校的老年保健与管理、助产、康复治疗技术、药学、药管、中药学、药剂等专业均为现代学徒制试点专业。学校将学习时间分为三个阶段。第一阶段为基础知识学习阶段，在学校完成，学习内容为文化基础课、专业基础课等课程。第二阶段为专业课程学习与实践企业见习阶段，在企业完成，学习内容为专科理论＋技能＋专科见习＋专科实习。专科课程教学主要由企业承担，以企业带教老师带教为主。第三阶段为实习阶段，也在企业完成。学生完成专科课程学习后，在企业带教老师的统一安排和带领下进入岗位实习。

学生在现代学徒制体系中，通过师傅带教的教学组织方式，遵守尊师重道的职业规矩，感受和谐的劳动关系。同时，现代学徒制通过劳动教育，引导学生在实践育人的不同学习场所成长为真正意义上的劳动者，它与"工匠精神"的质量

内核高度一致，崇尚劳动创造价值的行动信仰，追求技术技能的持续增强，在劳动实践中对职业精神进行凝练与升华。

当代中国少年儿童既是实现第一个百年奋斗目标的经历者、见证者，更是实现第二个百年奋斗目标、建设社会主义现代化强国的生力军。

——习近平